剑川石窟文献研究

朱安女　著

九州出版社 JIUZHOUPRESS ｜全国百佳图书出版单位

图书在版编目（CIP）数据

剑川石窟文献研究 / 朱安女著. -- 北京：九州出版社，2018.12

ISBN 978-7-5108-7582-3

Ⅰ．①剑… Ⅱ．①朱… Ⅲ．①剑川石窟－文献－研究 Ⅳ．①K879.294

中国版本图书馆CIP数据核字(2018)第248230号

剑川石窟文献研究

作　　者	朱安女　著
责任编辑	李黎明
出版发行	九州出版社
地　　址	北京市西城区阜外大街甲 35 号（100037）
发行电话	（010）68992190/3/5/6
网　　址	www.jiuzhoupress.com
电子信箱	jiuzhou@jiuzhoupress.com
印　　刷	北京九州迅驰传媒文化有限公司
开　　本	880 毫米 ×1230 毫米　32 开
印　　张	8.125
字　　数	180 千字
版　　次	2020 年 3 月第 1 版
印　　次	2020 年 3 月第 1 次印刷
书　　号	ISBN 978-7-5108-7582-3
定　　价	68.00 元

作者近照

剑川石窟石钟寺窟区

剑川石窟狮子关窟区

剑川石窟沙登箐窟区

目　录

导　言

　　这本书系 2012 年度教育部重点研究基地重大项目中国俗文化研究所《中国西南佛教文献研究》子项目《剑川石窟文献研究》结项成果基础上修改而成，它从文献的角度对剑川石窟的文化内涵这一具体问题进行了探讨：在漫长的历史进程中，剑川石窟与不断堆叠积累于石窟造像上的文字究竟包含怎样的文化精神。

　　剑川石窟开凿于南诏天启十一年（850），止于大理国盛德四年（1179），共历 300 多年修造完工，属于中国典型的晚期石窟，留存至今。剑川石窟中出现的文字与一般的文献不同，它的产生依托于石窟的存在。因为石质具有坚硬而牢固的特性，如果不被外力损毁，较之于人几十年或百余年的寿限，石窟往往能够存在更为长久的时间。人们都忌讳自己身后无人知晓，都有追求不朽的本能愿望。将自己的名字、所写诗句或文章与石窟镌刻在一起，或许可以在一定程度上弥补人们"寿无金石固"的缺憾，可以说，剑川石窟从诞生之日起就承载了人们的这一愿望。千载而下，人们不断在剑川石窟 16 个窟、139 躯造像周边的石壁、摩崖上留下各种文字，剑川石窟造像与文字成为密不可分的有机体。

因为剑川石窟造像与文字的伴生关系，本书将造像和文字视为剑川石窟文献的两个部分，它们是解读剑川石窟文化内涵的基础。也因为剑川石窟文献的产生离不开佛教文化的影响与本土文化的滋养，本书从佛教文化和当地文化两个维度寻绎剑川石窟文献的特点，进而探索白族信仰世界的生成建构。具体为：对剑川石窟文献进行分类梳理，勾勒出文献的总体风貌；从佛教文化的角度，探索剑川石窟文献与佛教文化的互动关系；从当地、民族的角度，探索剑川石窟文献对白族民间宗教信仰的融合；以族群意识为线索，探索剑川石窟文献对族群意识的折射；从文学的角度，研究剑川石窟文献的文学价值和美学意义。

本书的研究是在学界有关研究成果的基础上展开的。20 世纪50 年代是学界对剑川石窟研究的第一个阶段，[①] 这一时期主要为石窟造像的介绍。80 年代是学界对剑川石窟研究的第二个阶段，[②] 这一阶段的研究开始对石窟造像年代及造像内容进行探讨。90 年代

---

① 方瑞武：《剑川八窟》（《文物参考资料》，1950 年 12 月），该文立足于作者对石宝山的实地考察，对石钟山的八个石窟进行了介绍，是学术界研究剑川石窟的开端之作。1956 年孙太初在《文物参考资料》上发表《云南剑川石宝山造像题字二种——新发现的南诏史料之一》揭开了剑川石窟文字文献研究的序幕。1957 年宋伯胤在《文物参考资料》上发表《记剑川石窟》，实地调查剑川石窟三个窟区的石刻内容。

② 黄如英：《石钟山石窟》，《思想战线》，1980 年 8 月。刘达成：《剑川石窟》，《昆明师范学院学报》，1980 年 8 月。王立政：《剑川石钟寺第一窟考略》，《文物》，1983 年 6 月。汪宁生：《剑川石窟》，《云南考古》，云南人民出版社，1980 年。夏泉生：《云南石钟山的石窟建筑》，《建筑学报》，1985 年 3 月。专著如陈兆复：《剑川石窟》，云南人民出版社，1980 年。

以后是第三个阶段。① 学界的研究涉及石窟造像、文字文献、文化内涵、保护技术及白族的生活习俗和宗教信仰等方面，视野开阔，内容丰富。其中，刘长久《中国西南石窟艺术》、杨延福《剑川石宝山考释》两部专著对金石文献做了一定研究，《剑川石宝山考释》中单列第四章"石宝山金石"进行集中收录及释读。尹振龙《石钟山石窟明清碑刻概览》《剑川石钟山石窟题记浅述》对剑川石窟部分碑刻及题记进行研究。综上所述，学界对剑川石窟的研究以造像为主，但对石窟文字文献的价值关注不足，对造像与文字之间的关联性及文化内涵方面重视不够。

这本书是一本"小书"，试图在将剑川石窟图像与文字视为一个有机整体的视野下，探讨二者之间的关联性及其所透现的佛教文化与当地民族文化内涵，所以在认识方面没有过多的提升。此外，本书还存在一些欠缺的地方：一是囿于专业所学，对超出我的专业的佛教造像艺术的研究部分多借鉴前人的研究成果，创新性不足；二是对剑川石窟文献的研究局限于地域，没有从横向上考察其与同一时期其他地区存在的文献的异同……这些欠缺难以在短时期中完全弥补，这也有待日后掌握更为丰富的资料、学术积累更为丰厚时再完善。作为自我安慰，因本书不同于长篇大著，故不可能也不必要把所有相关问题都说全。

① 刘长久：《云南剑川石钟山石窟内容总录》，《敦煌研究》，1995 年 3 月。丁丙：《剑川石钟山石窟造像缘起蠡测》，《民族艺术研究》，2002 年 12 月。王瑞章：《剑川石窟"阿姎白"迷雾辨析》，《民族艺术研究》，2006 年 2 月。李东红：《剑川石窟与白族的信仰民俗》，《世界宗教研究》，2006 年 9 月。杜钊、李刚、赵局建：《剑川石窟的档案显性价值形态分析》，《云南档案》，2010 年 6 月。尹振龙：《剑川石钟山石窟题记浅述》，《大理民族文化研究论丛》，2017 年第 4 期。专著如刘长久：《中国西南石窟艺术》，四川人民出版社，1998 年。杨延福：《剑川石宝山考释》，云南民族出版社，1999 年。

本课题的意义在于运用文体分类思想系统梳理了剑川石窟文献，采取将图像与文字相结合的思路进行文献研究，这既还原了剑川石窟文献生成的自然样貌，同时又在方法论方面有了一些新的尝试。本书涉及的佛教文献具有地方性和民族性，有助于弘扬地方文化、民族文化，对于中国西南地区佛教文献学的研究也是有益的补充。

第一章　剑川石窟文献概况

葛兆光先生言："如果用文字记载下来的是思想史的基本文献，那么，同样要用思想来生产的图像，为什么不可以当作思想的叙述文本？关键的问题只是在于，思想史研究者如何从这些只有空间性的图像中，诠释出思想史需要的观念意义。"①这段话对图像文献的价值进行了新的定位，为我们认识石窟造像这种特殊的"立体图像"的思想价值提供了新的指引。依此而论，石窟中的造像同样是承载思想文化的重要叙述文本。

由于受到佛教文化的影响，源于古代印度的雕刻石窟活动在传入中土后，形成了遍布各地的石窟网络，这些中国化的石窟大致可分为南北两大线路发展。产生于南诏末期、大理国初期的云南剑川石钟山石窟，远承天水麦积山、永靖炳灵寺风格，又处于四川广元、巴中、乐山和大足石刻等组成的南线末端。剑川石钟山石窟距离剑川县城西南25公里，幽闭在石宝山的崇山峻岭之中。依据剑川石窟的16个洞窟统计，共有造像139躯，另存同时期柱脚石1对，石兽1只。从文字文献来看，第12号窟"佛、菩

---

① 葛兆光:《古代中国的历史、思想与宗教》,北京：北京师范大学出版社，2006年，第56页。

萨"造像题记的时间最早，为南诏天启十一年（850）的题记，往后至清代均有遗存，有碑刻、铭文、摩崖等多种类型。要全面理解剑川石窟的文化内涵，就必须返回剑川石窟文献本身所形成的话语系统中，进而获得"进入"石窟文化解读的通道。因此，本章首先对剑川石窟文献汇编，并按造像和文字两类进行整理。

第一节　造像

　　剑川石钟山石窟由"石钟寺区石窟""狮子关区石窟"和"沙登箐区石窟"三个窟群组成，共计 16 窟。

　　石钟寺区石窟包括第 1 窟至第 8 窟，分别是：第 1 号窟"南诏第六代国王异牟寻议政图"，第 2 号窟"南诏第五代国王阁罗凤出巡图"，第 3 号窟"地藏王菩萨"，第 4 号窟"华严三圣"，第 5 号窟《维摩诘经变》中的'问疾品'造像，第 6 号窟"明王堂"，第 7 号窟"甘露观音（俗称'剖腹观音'）"，第 8 号窟"阿姎白（女性生殖器）崇拜雕刻"。这 8 号窟的造像，雕造在石钟寺陡峭的山崖上，形成了颇为壮观的造像走廊。

　　狮子关区石窟为第 9 窟到第 11 窟，分别是：第 9 号窟"南诏第一代国王细奴逻、后妃及男女从者造像"，第 10 号窟"观音化现梵僧造像"，第 11 号窟"波斯国人造像"。

　　沙登箐区石窟为第 12 窟到第 16 窟，分别是：第 12 号窟"佛、菩萨造像"，第 13 号窟"阿嵯耶观音（也称'细腰观音'）"，第 14 号窟"一佛二弟子"，第 15 号窟"毗沙门天王"，第 16 号窟"大黑天神"。

　　自 1961 年剑川石钟山石窟被国务院公布为第一批全国重点文物保护单位以来，石窟造像受到了保护，但因年代久远，不断风化。笔者在进行本课题研究的过程中，对石窟文献进行了田野调查。本书对石窟造像的叙述，在笔者调查的基础上，主要参引《剑川石宝山考释》一书，并参考了《南天瑰宝——剑川石钟山石窟》与《中国西南石窟艺术》。

第 1 号窟"南诏第六代国王异牟寻议政图"为庭堂式型制，龛高 166 厘米，宽 120 厘米，深 49 厘米。内有造像九躯，第六代国王异牟寻端坐椅上，神态端庄。王者像的须弥座前有一童子像，头顶供盘。王者右方有 3 躯造像为侍者，个人手中分别持长刀、曲柄龙头带鞘的长剑和执纨扇。左方二躯造像一位双手捧一方匣形物，一位则右手拿藤杖，左手握汗巾。龛殿庭前左、右侧为二文官坐像。[1] "南诏第六代国王异牟寻议政图：真实地记录了当时南诏宫廷的政治生活，使我们在一千多年以后的今天，能够看到八、九世纪时南诏王者、侍从、官员的衣冠相貌，用具器物、建筑以及风俗等,是我们现在研究南诏历史不可多得的实物资料。"[2]

第 2 号窟"南诏第五代国王阁罗凤出巡图"位于第 1 号窟东边，循扶栏石级向上攀，在人工石砌的望台上，其外观为依山崖新筑山花向前式阁楼。该造像窟高 190 厘米，宽 152 厘米，深 60 厘米，内有造像 16 躯。龛外形为一座极为华丽的殿堂，殿庭内造像 16 躯，场面宏大，布局严谨。殿庭正中坐着南诏第五代国王阁罗凤，其右边正中是阁罗凤之弟"阁陂和尚"。"阁陂和尚"的左前傍王者椅座为一立像，头已毁，肩披虎头皮披。后一立像头已毁，肩披云框形坎肩。后一立像紧傍屏风侧，两手执长柄雉羽。左二武士立像，皆戴盔穿甲，手执旌旗长杆。殿堂左部 6 躯造像：紧傍王者座左前一立像，头面部已毁，右手执一物已毁，左手握

①　杨延福:《剑川石宝山考释》，昆明：云南民族出版社，1999 年，第 66-67 页。

②　云南省剑川县体育文化局编:《南天瑰宝——剑川石钟山石窟》，昆明：云南美术出版社，1998 年，第 9 页。

第 1 号窟：南诏第六代国王异牟寻议政图。

第2号窟：南诏第五代国王阁罗凤出巡图。

一曲柄长剑斜置左身侧。后一立像，傍王者屏椅侧，戴帷帽，右手陈胸前所执一物已毁，左手抱一长剑。后一立像，头戴云纹形的头冠，双手执一长柄雉羽。左旁二武士立像，皆戴盔穿甲，两像皆各执旌旗长杆。殿庭内左、右两外侧，二显贵像端坐在须弥座的椅上而相向，两像的头部已损毁。[①] 从总体来看，"全窟在有限的空间内雕有十六个不同人物，场面宏大，布局严谨。雕刻线条流畅，雕工细腻，人物造型栩栩如生，画面构图复杂多变，人物造型有主有从。王臣侍从前呼后拥：国王威武而至上；文官儒雅而深谋；武士勇猛而刚毅；奉侍则卑躬而忠顺。这是石钟山石窟雕刻中最为精致，刻画人物性格最为突出的部分，为历史文物价值和雕刻艺术价值最高的一窟。"[②]

第 3 号窟"地藏王菩萨"位于第 2 号窟楼阁之下西北的崖壁上，为一拱形龛，高 150 厘米，宽 108 厘米，深 56 厘米。龛内为一躯地藏王菩萨像，端坐在须弥座的莲台上，头戴宝冠，冠上罩斗篷披及像的肩背，两耳穿环，身着通肩宽袖衣，微袒胸，颈挂璎珞垂胸前。右手执杖，已毁。左手执圆珠陈胸前。裤膝上饰璎珞，跣足，踏于莲花及枝叶雕饰的踏座上。像背作一大圆形屏，屏面中部作数道圆晕，接于外圆晕饰曲线光芒一周，光芒间列七个圆形饼，光芒纹上还留下红、白、黑三种颜色。[③]

第 4 号窟为"华严三圣"，位于第 3 号窟左近的崖壁西南面，

① 杨延福：《剑川石宝山考释》，昆明：云南民族出版社，1999 年，第 67-68 页。
② 云南省剑川县体育文化局编：《南天瑰宝——剑川石钟山石窟》，昆明：云南美术出版社，1998 年，第 12 页。
③ 杨延福：《剑川石宝山考释》，昆明：云南民族出版社，1999 年，第 69-70 页。

第3号石窟：地藏王菩萨。

为摩崖造像，所占崖面东西长 188 厘米，高 180 厘米。该窟造像共七躯，为一佛、二菩萨、二弟子、二昆仑奴。中心的佛像端坐在须弥座上，头上为螺狮髻，身上的裙裳层褶有序，袒右臂，右手结印陈胸前，手指有三个损毁。左手搭左膝，已损毁。跣足，两足踏两朵莲花与枝叶丛。释迦佛像背后为二弟子阿难、迦叶，仅露上身与头，两像面部已毁，头后都有圆光，两像的双手都合十。佛像左是文殊菩萨像，盘膝坐于狮背的莲花座上，头髻前戴化佛宝冠。菩萨下部与坐骑狮已损毁。驯狮的昆仑奴像身亦同时失去，今仅留狮足与昆仑奴两足，穿的长靴还可以看得清楚。佛像的右边为普贤菩萨像，衣冠服饰、手持花束、身光、屏等全与文殊菩萨像相同，唯坐骑为象，象旁的昆仑奴躬身、仰首，双手持长钩，钩于象耳。[①]"普贤、白象象奴这一组合是剑川石窟当中雕刻组合极精美的一件作品，也可以称得上是晚唐石刻艺术中的佼佼者，是中国石刻趋于成熟和完美的代表作。"[②]

第 5 号窟为"《维摩诘经变》中的'问疾品'造像"，位于第 4 号窟的崖壁转角北，该窟面向西面，所占崖壁面积南北长 310 厘米，高 167 厘米，中心龛为一华丽殿堂，殿堂左、右稍后缩是两个拱形浅龛。殿堂内背景是浮雕极为工细而美观的岩室，室的山岩间有小雕像二十躯（最小的雕像仅高 2 厘米），像虽小而姿态极生动。又在山石岩室的各部，雕置长颈鼓腹的小花瓶两只，密檐式方形的小塔一座，小型的金刚宝塔两座，猴子三只，鸟一只，

① 杨延福：《剑川石宝山考释》，昆明：云南民族出版社，1999 年，第 70 页。

② 云南省剑川县体育文化局编：《南天瑰宝——剑川石钟山石窟》，昆明：云南美术出版社，1998 年，第 21 页。

第 4 号石窟：华严三圣。

室顶刻云气缭绕，当空日、月各一轮。殿堂内正面山石背景前的岩座上，维摩诘像盘膝而坐，面貌清癯，头顶作髻，髻上缠帕，帕间二长带左右下垂。穿交襟宽袖衣，腰系裙，胸前束带结环，右手结印陈胸前，左手执羽扇置左盘足上。身旁雕一龙，龙头已毁，相貌姿态神情，似倾听之状。殿庭内左侧一像，端坐须弥座上，头部已毁，从残迹细观，此系一显贵人像。殿庭内右侧像，坐须弥座上，身势前倾，已毁。殿庭左（南）一耳龛，地位稍后缩，为上、下二层台：上层台中心菩萨像端坐须弥座，背屏为莲花叶瓣形，跣足，两足踏于两朵莲花之上。左、右侍立供养女像二人，皆头戴莲花形冠，可惜面部尽毁。下层台中心，一僧盘坐，像背作一大圆形屏，屏中刻有曲线光芒一周，僧像面部已毁。左、右二男人像相向侍立，身皆微躬，穿长衫，足着靴。殿庭右（北）一耳龛，一躯菩萨像盘膝端坐于须弥座上的莲台座。左、右拱立供养女人像二，皆高髻，服饰华丽，两像的身上部已损毁。下层台心，一僧盘坐，像背作一圆形屏及肩。左、右二男人像相向侍立，身皆正直，穿长衫，足着靴，上身皆损毁。[1] "就整个石钟山石窟来说，在表现人物心理活动方面，维摩诘是雕得较为成功的一尊。"[2] "剑川石窟中维摩诘造像的出现，说明了剑川石窟和中原、西北各地石窟有着一脉相承的联系，但剑川石窟造像又具有自己独特的创造性。"[3]

---

[1]　杨延福：《剑川石宝山考释》，昆明：云南民族出版社，1999 年，第71-73 页。

[2]　云南省剑川县体育文化局编：《南天瑰宝——剑川石钟山石窟》，昆明：云南美术出版社，1998 年，第 26 页。

[3]　云南省剑川县体育文化局编：《南天瑰宝——剑川石钟山石窟》，昆明：云南美术出版社，1998 年，第 27 页。

第 5 号窟:《维摩诘经变》中的"问疾品"造像。

第 6 号窟为一大型造像龛，即明王堂。"从布局和构成看，整体虽为佛殿窟，但局部有以六根方立柱将佛殿窟分隔界为 5 龛，正中 1 龛为一佛二弟子，左右各 2 龛，每龛分别刻二明王，4 龛合为八大明王，窟左右两端分别刻毗沙门天王和大黑天神。"① 在牌坊式大佛龛五间内层台的佛座上，造像都是半立体雕，有造像三躯。正中大佛龛为本尊大日如来结跏趺坐，左、右侍立着二弟子像为阿难、迦叶。这三躯造像，古代曾妆彩，今彩色仍大体可见。大龛（牌坊）由左到右（即自南至北）共有造像八躯，即通称"八大明王"，具体顺序为：不动尊明王、步掷明王、大笑明王、马头明王、大轮明王、无能胜明王、降三世明王、六足尊明王。在两躯造像中间都雕一对榜题，造型为上头雕饰莲花一簇，下头雕云纹，旁雕云气缭绕，各大明王的题名刻于榜中。下面以大佛龛为中心，分左右将八大明王分述如下：

左一造像为"大圣东北方不动尊明王"，为除盖障菩萨的化身。像坐莲台上，有三头，各头都开慧眼，戴宝冠。上体袒露，缠绕一幅天衣。六只手臂左后上只手伸举，所执法物已损毁。左中手结降魔印陈胸前，左后下只手执一张精进弓，右后上手执金刚锤举于头上，右中只手执金刚杵，右后下只手执智慧箭。腰系裙，左脚下伸，右脚盘坐莲台上。②

左二造像为"大圣北方步掷明王"，为普贤菩萨的化身。像三头，戴宝冠，开慧眼。上体袒露，缠绕一幅天衣，腰系裙，四只

① 刘长久：《中国西南石窟艺术》，成都：四川人民出版社，1998 年，第 188 页。
② 杨延福：《剑川石宝山考释》，昆明：云南民族出版社，1999 年，第 77 页。

手臂。除左后手所执法物一毁外，其他三手均执法物。

左三造像为"大圣西北方大笑明王"，为虚空藏菩萨的化身。造像三头，发上竖如一片莲花叶瓣，额上系骷髅一周，面目狰狞，开慧眼，满腮卷须。上体袒露，项与胸前盘蛇环绕，八只臂。左后手、左下手、右后手、右上手所执法物已损毁。

左四造像为"大圣西方马头明王"，为观世音菩萨的化身。像三头，戴宝冠，中心一头上为一马头前伸，像头开慧眼，獠牙，卷发。上身袒露，挂骷髅两串。八只手臂：左前手结降魔印置胸前，右后手执一只莲花蕾，左中手残损，左后手下手执精进弓。右上手所执法物已残损，右后手执珊瑚一支，右中手执智慧箭，右后下手已损毁，腰系裙，左脚下伸，右脚盘于莲花座。

在佛像右边第一位造像为"大圣西南方大轮明王"，为弥勒菩萨的化身。像三头，发髻上系着骷髅头，开慧眼，獠牙，卷须。上身袒露，胸前结环带。六只手臂：左上手执金刚杵，左中手结降魔印置胸前，左下手执金刚锤。右上手执法轮，右中手已残，右下手执精进弓。腰系裙，左脚下伸，右脚盘曲莲座上。莲座下为云与海浪组成的座。

右二造像为"大圣南方无能胜明王"，为地藏菩萨的化身。像三头，开慧眼，戴宝冠，面目狰狞，腮作卷须。上身袒露，腰系裙，身绕天衣。六只手臂：左上手已残损，左中手结降魔印置胸前，左下手握精进弓和拈箭镞；右上手执金刚杵，右中手执箭翎，右下手已残损。左脚下踏，右脚盘于莲台，莲台下为水浪云纹基座。躯像的手与脚皆雕蛇盘绕。

右三造像为"大圣东南方降三世明王"，为金刚手菩萨的化身。像三头，戴宝冠，开慧眼，面目狰狞，卷须。上身袒露，缠

第 6 号窟：明王堂。

天衣。六只手臂：有两只手当胸结降三世印，左方两只手执法物已损毁。右上手执金刚杵，右下手执铜。腰系裙。左脚下伸，右脚盘坐于海云纹座的莲台上，手脚上盘绕蛇。造像的体态作三道弯式。

右四造像为"大圣东方六足尊明王"，为文殊菩萨的化身。像六个头相叠，面目狰狞，满腮卷须。上身袒露，项与胸皆挂骷髅，腰系裙。六只手臂：左、右两只后上手各捧一日、月，左中手结降魔印置胸前，左下手执精进弓，右中手执剑，右下手已损毁。此躯造像有六只脚，踏在右列坐骑的牛上。牛身向右回首伏卧于莲台上，下为云纹。①

第 7 号窟为"甘露观音"。这是一大型造像龛，岩壁立面凿成莲花叶瓣形的大龛，龛前有三躯石刻造像：正中前的菩萨像即"甘露观音"。菩萨像端坐在莲台上，像高 156 厘米，头髻前戴化佛宝冠，冠的帔带左右结饰而垂于肩，耳戴珠花环，面容丰腴，凝眸正视，容貌慈祥。身穿短窄袖长衣，袒胸，项与胸饰璎珞，胸部凿一方形孔洞。腰系裙与结环带，臂挂一幅缯帛泻地，两肘戴珠花环。双膝襟亦饰璎珞，裙衽正中佩带垂直。左手捧钵陈胸前，右手曲举而执一枝柳枝（稍残）。跣足，两足各踏一朵莲花。菩萨像后稍缩一位，为二供养女子像立左右，两像皆高 148 厘米。左右二躯女供养像的头发均梳为双角髻，而服饰有别。② 造像龛左方崖壁上，书刻着字形较大的明崇祯己卯年（1639）郡人王元

① 杨延福：《剑川石宝山考释》，昆明：云南民族出版社，1999 年，第 77-80 页。

② 杨延福：《剑川石宝山考释》，昆明：云南民族出版社，1999 年，第 80-81 页。

第 7 号窟：甘露观音。

英步韵李元阳的诗，旁边还书刻着南明隆武丁亥年（1647）段曜步韵李元阳的诗。造像龛的弧形边缘右方，留有古代用白色铅粉书写的藏文数行。下面的龛壁右边，书刻着"明成化三年季春吉旦剑川州知州张述吏目刘铨正陈直等题"一行。又北面的岩壁上书刻明嘉靖李元阳手书的题名和题诗。

第8号窟为"阿姎白"造像。该窟所处的位置较高，为在石壁上凿的一组小拱龛与几个小型龛，中心凿的小拱洞高90厘米，宽60厘米，深65厘米。拱洞门的沿上雕刻着双粗条夹联珠纹饰一周，拱洞门上面雕着云块纹，云块上雕刻着一组精美的莲花宝盖，莲花的枝叶间左、右雕为两道珠花流苏下垂，莲花宝盖中心作一方榜，榜内存着依稀可辨的直书左行的墨书题记九行。中心拱洞内壁，铲凿得平整光滑，正面当心雕的须弥座上雕为莲台，台上半浮雕一圆锥物体，高62厘米，正中凿一槽，为"阿姎白"。左、右作两个对称的条方榜题：左榜题内留有墨书"广集化生路"，右榜题内留有墨书"大开方便门"。拱洞左壁以剔地平底阴线刻一卧佛、菩萨等；中心的佛像结跏趺坐于须弥座莲台上。左手伸掌于左膝，右臂与胸袒露，右手伸举结禅定印，头后作一圆光，身旁作一周光环，头上作一云盖。佛的身光左、右作对称的两条方形榜题，上面无书刻。佛像座左、右有两躯菩萨像：一为六只手臂的虚空藏菩萨，一为四只手臂的如意轮观音，手中各持法物，身旁作光环，皆盘膝坐于莲花上。佛像座前当心坐一僧像，头后有光环，拱手盘膝而坐。洞右壁亦剔地平底阴线刻一卧佛、菩萨像：中心一佛像结跏趺坐于须弥座的莲台上，身着袒胸衣，双手当脐结弥陀定印，头后作圆光，身旁作光环一周，头顶作云盖，身光环左、右有对称的条方形榜题，上无书刻。佛座前及左、右环列三躯供养菩萨像，头后皆有圆光，身旁各皆作圆环一周，两像相对坐于须弥座的莲花上，脚踏一莲台。一像右手持花，左手执幡；一像左手捧香炉，右手执幡；中一菩萨像，坐于莲花上，右手执一果枝，左手捧一物当脐前，右脚盘于莲花上，左脚下踏。左旁一僧像踞坐，已较模糊。洞外壁左、右各一浅拱龛，两龛缘作粗条夹联珠纹饰一周，左龛内浮雕站立的是东方持国天王像，顶盔贯甲，身缠一幅天衣，头后作火光焰宝珠一周，左手所托法物已残损，右手执三股金刚叉，柄已残。足穿靴，下有三躯半身的女夜叉，三者头面已毁。这三躯女夜叉的左、右两像作昂首而双手交叉，中间一像两手左右伸开托起持国天王的两足，三躯女夜叉的身前下雕为云纹。在龛壁内留着四则元代游人的墨书题记（录文见第二节中题记归类总表）。洞门右边龛内浮雕站立的增长天王像，顶盔贯甲，身缠绕一幅天衣，头后作火光焰宝珠一周，左手执琵琶，右手执曲柄龙头宝剑，足穿靴，两足踏在两躯踞伏而左、右向的二魔鬼身上，二魔鬼下雕为云纹饰。[①]

在持国天王像龛的左近，雕凿有莲花瓣形弧尖状的小龛，龛内上部雕一组莲花，龛中心一躯佛像，面部已模糊，盘膝结跏坐于莲花座上，背后雕身光一周。莲花下面雕云纹托座，身光两旁作对称的两条方榜题，上面没有文字书刻。佛像座的左、右为两躯菩萨像：左侧菩萨像，身缠绕天衣，四只手臂，上两只手举于头顶上，两掌合执一轮，轮中心作一小佛像，下两只手当胸合十，身旁作火焰身光，盘膝端坐于莲座上，座下雕为云纹。右一躯菩

---

① 杨延福：《剑川石宝山考释》，昆明：云南民族出版社，1999年，第82-84页。

第 8 号窟：阿姎白。

萨像，六只手臂：上两只手向左右伸举，各捧一日与一月；中两只手，左一只执金刚杵，右一只手托钵；下两只手，左一只执柳枝，右一只执一方形物。身旁绘火焰身光，盘膝端坐于莲座上，座下雕为云纹。佛像座前云块下，盘坐一僧像，脸面已损毁，背后作身光一周。小龛下部，雕一组三朵云纹。在持国天王像龛外左上方，是以黄色垒粉工笔细绿条画的一小型画像：中心的佛像结跏盘坐，左、右站立二胁侍，左胁侍像，手执锡；右胁侍像，拱手。佛像身边绘身光一周，二胁侍足下绘云纹。这黄色垒粉画法非常工细。①

洞与旁近各小龛的下部，依岩石的自然岩势雕凿为蹊径，径间分布着几个小龛，右边山岩石径间雕一童像，身微前躬，双手捧物，身着短衫，裤筒卷至膝，跣足，姿势如行进状。左近山岩间凿一小拱龛，内雕一躯盘坐的僧像，像旁雕香、花、果三供物排列。又左近一小拱龛，内雕一盘坐的僧像，右旁雕一只雀鸟。左旁近一小拱龛，内雕一侧身半踞双手合十、向右视的人像。左旁一小拱龛，内雕一贵族人像，头戴展脚幞头，身穿圆领宽袖袍服，腰系带，两手纳于袖，足穿靴，端坐有靠垫状的座椅上。下旁的岩径间雕一兽，向右作行进状。小龛外左又凿一小拱龛，内雕一座小型的金刚宝塔。②

在石钟寺窟区，还有四处一般石刻。

第一处，在石钟寺大殿背后钟形大石（古名观音崖）的南面

① 杨延福：《剑川石宝山考释》，昆明：云南民族出版社，1999年，第84页。

② 杨延福：《剑川石宝山考释》，昆明：云南民族出版社，1999年，第84页。

（即第一号造像龛的背面）岩石腰，崖壁天然凹入而平整，石壁留存有古代彩绘一列七躯画像，似佛非佛，似菩萨非菩萨，有的已较模糊，只大体可辨认，绘制工细，有红、黄、蓝、绿、粉白、黑等。里面一躯绘像较完好，高约100厘米，头戴船形冠，长冠带左、右下垂至手臂，而后再下拖。上身袒裸，胸前系帛一幅，两手交叉于身前，腰系裙，身旁及头后以火光焰组成莲花叶瓣的身光一周。跣足，足下绘红色云彩。像周又绘六个圆饼一周，圆圈内留有墨书"智光"二残字。其余六躯彩绘像，姿势相好大体相似，唯大小各有差，似行进状。[①]

第二处，石钟寺旁不远，古木竹林的东北地，在大崖壁脚的古道转弯处往上攀，留有古代已开凿成的两个小型浅拱龛，内壁也留有用墨线画出的框栏痕迹，但无画像雕刻。[②]

第三处，在古道旁旧水塘的西南面的凌空悬崖间，留有古代书刻"波罗岩"三个较大的字，书写遒劲秀逸，刻工亦善。[③]

第四处，石钟寺后山冈坪间，残存古代的一座废塔基，塔的遗砖皆是红色，因此人们称之"赤塔岭"，在残塔砖上每有模印梵文。[④]

第9号窟"南诏第一代国王细奴逻、后妃及男女从者造像"在狮子关窟区。造像雕凿于狮子关东、山梁侧天然岩石上，上面

① 杨延福：《剑川石宝山考释》，昆明：云南民族出版社，1999年，第85页。

② 杨延福：《剑川石宝山考释》，昆明：云南民族出版社，1999年，第85页。

③ 杨延福：《剑川石宝山考释》，昆明：云南民族出版社，1999年，第85页。

④ 杨延福：《剑川石宝山考释》，昆明：云南民族出版社，1999年，第85-86页。

第 9 号窟：南诏第一代国王细奴逻、后妃及男女从者造像。

第 10 号窟：观音化现梵僧。

一石前倾为覆盖，今已筑起小阁保护，前面筑一平台。石壁立面宽122厘米，高85厘米。边缘雕凿为方框，框上缘外各雕一日与一月；日中墨绘一只三足鸟，月中墨绘一株树及兔一只，这是古代留下的遗迹，虽已模糊，但大体还可看出。方框内左、右上角以红绿两种颜色绘有卷悬幔帐，帐前雕的二像稍大于其他各雕像。两个大人并坐，左为女像，即后妃。她头戴莲花式发髻的叠冠，耳穿珠环，着圆领宽袖衣，两手纳于袖内而拱胸前，盘膝坐于案桌上。右为男像，即细奴逻。细奴逻戴圆锥体莲花瓣仰额的高冠，冠左、右展脚上翘，项后有护披。黑色络腮胡垂胸，穿圆领宽袖黄袍，两手纳拱胸前，右手腋斜夹一笏靠右肩，盘膝端坐案桌上。两像中间上头一凸突的方形榜题，上面书刻直行左行的四行题记（录文见本章第二节题记）。[1]

两躯大人像前的中间与左右，雕三个男、女小像：中一像是小男童，光头，上体袒露，腰系裙，裙带挂于肩，盘膝而坐。左手支撑左膝，右手上举而托一圆形物。左旁一小女像，头戴帷帽，穿交领宽袖衣，两手纳袖拱胸前，盘膝而坐。右旁一小女像，头顶作两台髻，穿圆领宽袖衣，双手纳袖拱胸前，盘膝而坐。这五躯男女大人小孩像的基座，是一整列的中心前凸、两侧收缩的长高案桌，桌中心前凸的案桌立面，雕饰着一幅桌围裙，案桌上陈列鼎之类。长案桌左头侧雕一躯侍立女像，头顶作两台高髻，双耳戴环，穿圆领宽袖长衣，两手执一柄羽箑靠左肩，足穿大头鞋。长案桌右头侧雕一男像站立，戴乌纱帽，身微前躬，穿圆领长衫，

① 杨延福：《剑川石宝山考释》，昆明：云南民族出版社，1999年，第87页。

第 11 号石窟："波斯国人"造像。

小阁保护。在造像石前，有一堵古代倒塌的平整石壁，壁上古代题刻的字已被凿去，旁边还雕刻有一只睡狮，有块残石上刻留有清康熙时人的题诗，尚可读。[①]

第 12 号窟为"佛、菩萨造像"，位于金鸡栖山的沙登箐。在沙溪盆地西山有一山冈名金鸡栖山，山南麓有一屏立的山崖，嶙峋秀丽，山崖的东南面，崖唇前覆，崖壁较整齐，造像就雕凿在天然的崖壁上，1976 年国家拨款在造像石上筑了一间重檐阁及围墙保护。崖唇上依崖势雕一列小像，为三躯一组的三个组，非佛非菩萨，相貌较粗犷，但引人注目。下部的崖壁高 300 厘米，东西宽 600 厘米，上为崖唇前覆，不受雨淋。崖壁左侧（东侧）一拱形浅龛，内雕一躯菩萨立像，高 48 厘米，头上为高髻化佛宝冠，穿圆领宽袖长衣，左手提一净瓶，右手执一棵柳枝靠右肩，跣足。龛下阴线刻一护法神像，已模糊。右旁（西）拱形浅龛，内雕一躯端坐的佛像，高 100 厘米，头光与身光组成莲花瓣叶式的背屏，头上作螺蛳髻，穿袒胸通肩衣，左手下伸搭左膝，右手结印陈胸前，跣足，踏在两朵莲花上，龛上旁彩绘一躯佛像，已模糊。右旁一方形龛内雕二躯佛像：左一像的背屏以头光与身光组成，头顶作螺蛳髻，身着通肩衣，两手结弥陀定印当脐前，盘膝结跏坐于莲台上，莲台下的须弥座束腰立面。书刻题记十一行，直书左行（录文见第二节题记）。左一躯佛像，高 100 厘米，端坐，头顶作螺蛳髻，身披袈裟，袒胸，露手臂，胸前横斜，左肩挂一幅巾帛。左手伸掌抚左膝，右手结印陈胸前。跣足，两足下

---

① 杨延福：《剑川石宝山考释》，昆明：云南民族出版社，1999 年，第 86 页。

第 13 号石窟：阿嵯耶观音造像。

踏两朵莲花上。这组造像，雕工较粗犷。①

崖壁最西（右）一方形龛，内一躯盘足结跏而坐的佛像，高100厘米，背后为头光与身光组成的莲花瓣叶屏，上面雕宝相花与火焰纹饰，头顶作螺蛳髻，披袈裟，袒胸露臂，左手仰掌置盘足当脐前，右手下抚右脚，盘膝端坐于须弥座上的莲台上，这躯佛像神态浑厚而庄严大方。

"1976年，造像上筑保护的楼阁时，在施工中开挖土方，在地下挖出不少的古代砖瓦残片，并出土一些古代供佛的陶豆与盏等残器，里面有一件完好的小型釉陶碟，上面书刻'天王'二字，今存石钟寺文保所。"②

第13号窟为"阿嵯耶观音"造像，位于沙登箐通往石龙村的山路旁的一块大岩石上。在岩石东面平整的石壁上凿一拱形浅龛，内雕一躯菩萨立像，高70厘米，像背的头光与身光组成莲花瓣叶式的背屏，屏周边雕缠枝纹饰。造像头顶作高髻化佛宝冠，穿圆领短窄袖细腰长衣，衣叠稠褶，左手向下垂而稍曲身前，手指结与原印。右手伸举于胸前侧而结施无畏印，两手臂上皆饰一环。腰结带束帛，跣足。立于台级式的踏座上。背屏左旁留有古代墨书"至□四年壬寅岁"一行七个字，右旁也留有古代墨书"南无琉璃光佛"一行六个字。左、右留有墨线条画的两个小佛像，较模糊。龛外缘左旁书刻着"奉为造像施主药师祥妇观音等敬彤"

---

① 杨延福：《剑川石宝山考释》，昆明：云南民族出版社，1999年，第88页。
② 杨延福：《剑川石宝山考释》，昆明：云南民族出版社，1999年，第89页。

第 14 号石窟：一佛二弟子。

第 15 号石窟：毗沙门天王。

一行十四个字。①

菩萨造像龛的左、右石壁上雕着八座塔，高低不一，塔的基座皆为须弥座式，每座塔的下一层级正面作一小龛，内各雕一躯小佛像。大概有两座是金刚宝塔，有五座是方形七级密檐塔，有一座圆筒状单顶檐塔。各塔风化，"这八座塔大概是表示释氏八大成就的'释迦八塔'。"②左边第三座塔的左上石壁间，有一方条形框的榜题，里面书刻两行题记，直书右行（录文见本章第二节）。在左第四座塔的左上石壁间，凿一拱形小龛，内雕一躯骑象的六臂日月神像，外部已风化。③

第14号窟为"一佛二弟子"造像，位于沙登箐窟区。沙登箐（弯山谷）出口，傍山坡南侧，有一丛危崖壁极雄奇，其中一崖高耸，如波罗纹，崖根北面为一摩崖造像龛。石壁上凿一浅形拱龛，内雕三躯佛像：中心一躯佛像高200厘米，端坐于须弥座的莲台上，头顶为螺蛳髻，头后作一周圆光，穿通肩衣，左手仰掌当脐，右手结印陈胸前。跣足，两足踏在两朵莲花上。左、右二胁侍各高180厘米，面目已残损，头后皆作圆光，两者皆拱手侍立。右胁侍脚旁，一供养人像甚残损。龛外左、右有立佛二躯，各高180厘米，已残损，左一躯立佛像上的石壁上彩绘一佛像，已模糊。佛像脚旁，雕一躯菩萨像已残损甚。右立佛像旁彩绘一

① 杨延福：《剑川石宝山考释》，昆明：云南民族出版社，1999年，第89-90页。

② 杨延福：《剑川石宝山考释》，昆明：云南民族出版社，1999年，第90页。

③ 杨延福：《剑川石宝山考释》，昆明：云南民族出版社，1999年，第90页。

像，已模糊不堪。这号窟的摩崖造像躯体皆高大，但多残损。[①]

第 15 号窟为毗沙门天王，第 16 号窟为大黑天神。这两躯造像位置相近，位于沙登箐中部北面陡坡。陡坡崖壁东南部由顶到底部，有一天然的大裂缝，俗称"接子山"或"夹指山"。在大裂缝左、右石壁上，凌空凿两个拱形浅龛：左龛内浮雕多闻天王（一称毗沙门天王）像，高 200 厘米，顶盔贯甲，头后作火光焰一周，环身绕一幅天衣，左手举托金刚宝塔于左肩侧，右手执长柄三股金刚义，两足各踞一跑伏的魔鬼身上。右龛内浮雕一躯广目天王像，即大黑天神。像高 200 厘米，头后作火光焰一周，头顶以发辫盘为高髻，髻根额上束一串骷髅，额当心开一只慧眼，环腮卷须，面貌威猛，上身袒露，身绕天衣一幅，颈及胸各系一串骷髅，腰系裙，衣带结环而泻地。六只手臂：左上手执小层鼓（似鸡娄鼓而较小），左中手捧一骷髅钵置胸前，左下手执一串念珠。右上手执长柄三股金刚叉，柄上盘一蛇，右中手执宝剑，右下手执一根金刚绳。露膝，跣足，手臂及脚上皆盘蛇，足旁雕云纹饰。在这两躯天王像的崖壁上，留有古代在上面筑起保护的厦披痕迹，在石壁根有人工的条石及不少砖、瓦残片，但不知毁于何时。[②]

在崖壁上头的岩石上，留存有阴线刻的一像，高 100 厘米，头戴花簇冠，身穿长袖衫，手执一束花，足穿靴，旁雕一犬。[③]

---

① 杨延福：《剑川石宝山考释》，昆明：云南民族出版社，1999 年，第 90-91 页。

② 杨延福：《剑川石宝山考释》，昆明：云南民族出版社，1999 年，第 91 页。

③ 杨延福：《剑川石宝山考释》，昆明：云南民族出版社，1999 年，第 91 页。

第二节　题记

在剑川石窟文字文献中，题记是其中的一类。题记文字较为简短，一般镌刻在造像周围的石壁上，距离造像最近。剑川石窟的题记按题记者的身份可划分为造像者题记和游人题记两类。

一、造像题记

剑川石窟造像者题记有《阿姎白造像题记》《细奴逻造像题记》《杨天王秀翔像题记》《张傍龙造像题记》《阿嵯耶观音造像题记》共 5 则，分别存于第 8 号窟、第 9 号窟、第 10 号窟、第 12 号窟和第 13 号窟。

第 8 号窟《阿姎白造像题记》处于该窟造像中心拱洞门上方雕造的莲花宝盖中心的方形榜上，为直书左行的墨书题记 9 行，依原行款录文为：

□□圣主□在□□□□道兰
□观世音者法无□渡四生
而方便法师忙无形□□情
□□□□□其造像□□坐
上士布□□□天王者□言
继于相如切能　于□□万
代次名□□□□福田无穷
子孙世□□□果生无尽后

盛德四年作□己亥岁次八月三日记 [①]

第 9 号窟《细奴逻造像题记》处于该窟中间上方凸突的方形榜题上，书刻直行左行 4 行题记，录文如下：

大圣琨躅□　　大王及后妃男女
从者等尊容元　玖造像昌宁记之 [②]

第 10 号窟《杨天王秀翔像题记》处于该窟造像左肩外上石壁，为一方条形榜题，为直书左行，上 2 行字较大，下 4 行较小，较为完好。依原行款录文如下：

紫石云中　　信境兰若
盛德四年　　六月七日造像

---

①　杨延福：《剑川石宝山考释》，昆明：云南民族出版社，1999 年，第 82 页。《南天瑰宝——剑川石钟山石窟》（昆明：云南美术出版社，1998 年，第 42 页）对第 8 号窟题记的录文为："□□圣主□在□□□□道兰／□观世音者法了无□渡四生／而方便法师忙了无形□□情／□□□□□其造像□□坐／上土布□□□天王者□言／继于相如切能乔于□□万／代次名□□□□福田无穷／子孙世了□□□／果生无尽后／盛德四年作□己亥岁次八月三日记。"刘长久：《中国西南石窟艺术》（成都：四川人民出版社，1998 年，第 164 页）对第 12 号窟题记的录文为："□□圣主□在□□□□道兰□观世音者法了无□渡四生而方便法师忙了无形□□情□□□□□其造像□□坐上土布□□□天王者□言继于相如切能齐于□□万代次名□□□□福田无穷／子子孙世了□□□果生了无尽后盛德四年作□己亥岁八月三日记"。这里不能辨认的字以"□"表示，以下同。
②　杨延福：《剑川石宝山考释》，昆明：云南民族出版社，1999 年，第 87 页。杨延福先生言：此题记在 1951 年初发现时，第一行末尾一字尚基本辨认是"罗"字，今下部已剥落，故以□表示。

施主工匠金榜　杨天王秀羽[①]

　　第 12 号窟《张傍龙造像题记》所在的石窟为露天石壁上雕造，分崖唇的一系列和下部崖壁的 4 龛造像组成。该题记处于下部造像从左向右的第 3 个方形龛中。该龛中雕 2 躯佛像。在左边佛像端坐的莲台下的须弥座束腰立面书刻题记 11 行，依原行款录文为：

　　沙退附尚邑　　　三賧白张傍
　　龙妻盛萝和　　　男龙君龙庆
　　龙兴龙安龙　　　千等在善因
　　缘敬造弥勒　　　佛阿弥仏
　　王天祐十　　　　一年七月廿
　　五日题记[②]

　　第 13 号窟《阿嵯耶观音造像题记》在阿嵯耶造像龛左边第三座塔的左上石壁间，有一方形框的榜题。书刻 2 行题记，直书左行。录文为：

　　大理国造像施主药师祥妇人

　　① 杨延福:《剑川石宝山考释》，昆明：云南民族出版社，1999 年，第 86 页。刘长久:《中国西南石窟艺术》，成都：四川人民出版社，1998 年，第 164 页对第 10 号窟题记的录文为："紫石云中 信境兰若／盛德四年六月七日造像／施主工匠金膀杨天王秀刓（创）"。
　　② 杨延福:《剑川石宝山考释》，昆明：云南民族出版社，1999 年，第 89 页。

观音好爱□媳□□等敬雕①

以上题记从时间上看，第12号窟《张傍龙造像题记》标识为"王天祐十一年七月廿五日题记"。考察南诏、大理国时期帝王的年号，"天祐"为大理国第十四代国王段正明的年号，此年号使用的起始年待考，而止于1094年。而《南天瑰宝——剑川石钟山石窟》对第12号窟题记的录文为："沙追附尚邑／三赕甸张傍／龙妻盛梦和／男龙庆龙君／龙兴龙安／千等在善因／缘敬造弥勒／仏阿弥陀仏／圌王天启十／一年七月廿／五日题记。"②刘长久《中国西南石窟艺术》对第12号窟题记的录文为："沙追附尚邑／三赕白张傍／龙妻盛梦和／男龙庆龙君／龙兴龙安龙／千等在善因／缘敬造弥勒／仏阿弥陀仏圌王天启十／一年七月廿／五日题记。"③后二者均认为此题记产生于"天启十一年"，而非"天祐十一年"，本书从此说。"天启"是南诏第十世王劝丰祐的年号（840—859），天启十一年为唐宣宗大中四年（850）。题记标明具体的日期为"七月廿五日"，这一天为石宝山朝山会期。第8号窟《阿姎白造像题记》、第10号窟《杨天王秀翔像题记》两则题记标

① 杨延福：《剑川石宝山考释》，昆明：云南民族出版社，1999年，第90页。《南天瑰宝——剑川石钟山石窟》（云南美术出版社，1998年，第58页）对第13号窟题记的录文为："奉为造像施主药师祥妇观音得雕"，"大理圌造像施主药师祥妇观音爱□□□等敬雕"，"大理圌沙退□□□禅妇人□□□□□□敬造观音像"。刘长久：《中国西南石窟艺术》（成都：四川人民出版社，1998年，第164页）对第13号窟题记的录文为："大理圌造像施主药师祥妇人，观音姑爱□□□□等敬雕，""奉为造像施主药师祥妇观音得雕。"
② 剑川县体育文化局编：《南天瑰宝——剑川石钟山石窟》，昆明：云南美术出版社，1998年，第55页。
③ 刘长久：《中国西南石窟艺术》，成都：四川人民出版社，1998年，第163页。

记的时间均为"盛德四年"（1179）。"盛德"为大理国十八代国王段智兴的年号。第13号窟《阿嵯耶观音造像题记》只注明"大理国"，未标明具体的造像年份。第9号窟《细奴逻造像题记》的时间不明。从这5则题记提供的时间信息来看，主要集中于南诏、大理国时期。从这4则造像题记的时间而论，《张傍龙造像题记》是剑川石窟现存最早的造像题记，由此推知，剑川石窟最晚开凿于南诏时期。

从造像者来看，第8号窟《阿姎白造像题记》未题造像者。第9号窟《细奴逻造像题记》载"从者等尊容元玖 造像昌宁记之"，可知造像者为元玖，题记者为昌宁，但元玖、昌宁究竟为何人无法确考。第10号窟《杨天王秀翔像题记》载"造像施主工匠金榜杨天王秀翔"，可知造像施主和工匠均为杨秀。其中，"金榜"指大理洱海东岸金榜山，为杨秀的籍贯，"天王"为杨秀的佛名。第12号窟《张傍龙造像题记》载"沙退附尚邑 三赕白张傍 龙妻盛萝和 男龙君龙庆 龙兴龙安龙 千等"，对雕造者进行了罗列。从称谓可知，此造像为张傍龙携妻儿举家合力敬造。"沙退"是今剑川沙溪盆地古名，"附尚邑"为古沙溪的村名。"三赕白"即白崖川，即今弥渡县红崖。这三个地名中，"沙退"所指的范围中包含了"附尚邑"，所以两个地名有从属关系。但为何又言"三赕白"？题记者张傍龙要在自己的籍贯上说明什么确实令人困惑。所以张傍龙及其家人的籍贯究竟何处无法确知。第13号窟《阿嵯耶观音造像题记》标明造像施主为"药师祥""观音好爱口媳口口等"，其中"药师""观音"皆为佛名。"口媳口口等"部分文字缺失，依据前后文字的信息极有可能也是雕造者名号。从"药师祥""观音好爱"来看，雕造者都隐去了自己的姓氏，将佛号作为称呼。

通过对以上题记者身份的考释可知，第 10 号窟、第 12 号窟、第 13 号窟均为私人出资雕造。从第 10 号窟《杨天王秀䎀像题记》、第 12 号窟《张傍龙造像题记》造像者的籍贯来看，均为大理本地人士。他们在姓名中嵌入"天王""观音""药师"等佛号，也折射出佛教信仰在大理国时期的影响。

从造像题记的内容看，第 8 号窟《阿㽕白造像题记》文字阙失较多，从现存的文字可推测，该题记将"阿㽕白"造像与"圣主""观世音"视为同等地位进行赞颂，突出了"阿㽕白"的重要地位。第 9 号窟《细奴逻造像题记》载"大圣睅蹋□ 大王及后妃男女"标明了造像的身份为南诏第一世王细奴逻大王、后妃及他们的男孩和女孩。第 10 号窟《杨天王秀䎀像题记》"紫石云中"一语描述了第 10 号窟"观音化现梵僧"造像所处独特的地理位置。据实地考察，第 10 号窟"观音化现梵僧"雕造在狮子关悬崖的石壁上，地势高峻险拔，难于攀爬。所以题记言"紫石云中"一语可谓恰如其分。另一方面，从周边地理而论，"观音化现梵僧"造像虽是在狮子关窟区，却与石钟寺窟区隔着一条山谷两相遥望。由于地势颇高，而有俯视之利，可清晰地看到对面石钟寺窟区"窟寺一体"的格局、造像前善男信女观瞻、顶礼膜拜的身影。

二、游人题记

与造像题记相比，剑川石窟的游人题记数量较多，共有 21 则，主要为元、明时期的遗存。这些游人题记篇幅较短，除了少量书刻，多为墨书。以下列表按照时序对剑川石窟的游人题记进行梳理。

序号	年号	皇帝	年份	录文	题址	形式
1.	泰定	（元）泰定帝	1324	泰定元年九月二十七日（下面的字迹已模糊不清）①	第8号窟阿姎白龛旁	墨书
2.	元统	（元）惠宗（顺帝）	1334	元统二年□□□八日凤羽住人李生杨际一行人烧香到此②	第8号窟阿姎白龛旁	墨书
3.	至元	（元）世祖忽必烈或（元）惠宗（顺帝）	1267 1338	至元四年岁次（下面字迹已模糊不清）③	第8号窟阿姎白龛旁	墨书
4.	至元	（元）世祖忽必烈或（元）惠宗（顺帝）	1270 1340	至元六年四月十一日大理人李福顺到此④	第3号窟地藏王菩萨龛壁	墨书
5.	至元	（元）世祖忽必烈或（元）惠宗（顺帝）	1270 1340	至元六年四月十一日马文彬到此⑤	第6号窟明王堂龛旁	墨书

① 杨延福：《剑川石宝山考释》，昆明：云南民族出版社，1999年，第159页。

② 杨延福：《剑川石宝山考释》，昆明：云南民族出版社，1999年，第159页。

③ 杨延福：《剑川石宝山考释》，昆明：云南民族出版社，1999年，第159页。因使用"至元"年号的有元世祖忽必烈（1264—1294）、元惠宗（顺帝）（1335—1340），因此表中题记标记至元年号有二种可能。

④ 杨延福：《剑川石宝山考释》，昆明：云南民族出版社，1999年，第158页。

⑤ 杨延福：《剑川石宝山考释》，昆明：云南民族出版社，1999年，第159页。

序号	年号	皇帝	年份	录文	题址	形式
6.	至元	（元）世祖忽必烈或（元）惠宗（顺帝）	1340	至元六年庚辰四月十一日（下面字迹已模糊不清）①	第8号窟阿姎白龛旁	墨书
7.	延祐	仁宗	1317	延祐四年十一月初八日，赵州判官李成（下面的字已模糊不清）大理府吏杨际一行人等，到此烧香。②	第8号窟阿姎白龛旁	墨书
8.	至正	（元）惠宗（顺帝）	1341	至正元年五月③	第5号窟《维摩诘经变》中的"问疾品"造像龛柱侧	书刻
9.	至正	（元）惠宗（顺帝）	1346	至正六年十一月初九日（下面字迹已模糊不清）鹤庆路（仝前）赵俊才到此④	第8号窟阿姎白龛旁	墨书
10.	至正	（元）惠宗（顺帝）	1350	至正十年五月（下面字迹已模糊不清）⑤	第8号窟阿姎白龛旁	墨书

---

① 杨延福：《剑川石宝山考释》，昆明：云南民族出版社，1999年，第159页。

② 杨延福：《剑川石宝山考释》，昆明：云南民族出版社，1999年，第159页。

③ 杨延福：《剑川石宝山考释》，昆明：云南民族出版社，1999年，第61页。按：该则书刻依杨延福先生考释，其言"细审这4行书刻应是不同时代的题刻，笔记也不相同，尤其是后三行题名，最后的'于嘉靖'应是明嘉靖时，因已无空地，故不再书刻而已。"

④ 杨延福：《剑川石宝山考释》，昆明：云南民族出版社，1999年，第159页。

⑤ 杨延福：《剑川石宝山考释》，昆明：云南民族出版社，1999年，第159页。

序号	年号	皇帝	年份	录文	题址	形式
11.	宣光	（北元）昭宗	1373	宣光三年三月十五日（下面已漫漶）分省蒙镇抚□知事□实到此①	第3号窟地藏王菩萨龛旁	墨书
12.	永乐	（明）成祖	1409	鹤川知府母师高保永乐七年到此四月二日②	第2号窟南召第五代国王阁罗凤出巡图龛旁	书刻
13.	成化	（明）宪宗	1467	成化三年季春吉剑川州知州张述吏目刘铨学正陈直等题③	第7号窟甘露观音龛壁	书刻
14.	嘉靖	（明）世宗	1522—1566	陈芳施保山于嘉靖④	第5号窟《维摩诘经变》中的"问疾品"造像龛柱侧	书刻
15.	嘉靖	（明）世宗	1562	嘉靖壬戌翰林庶吉士中溪李元阳同游五人过狮子关⑤	狮子关石壁上	书刻

① 杨延福：《剑川石宝山考释》，昆明：云南民族出版社，1999年，第158页。

② 杨延福：《剑川石宝山考释》，昆明：云南民族出版社，1999年，第62页。

③ 杨延福：《剑川石宝山考释》，昆明：云南民族出版社，1999年，第62页。

④ 杨延福：《剑川石宝山考释》，昆明：云南民族出版社，1999年，第61页。

⑤ 杨延福：《剑川石宝山考释》，昆明：云南民族出版社，1999年，第63页。

序号	年号	皇帝	年份	录文	题址	形式
16.	万历	（明）神宗	1597	永昌下村善士冯翔凤同邓川交友戴元宝赵书杨文辅杨际才等俱于万历丁酉年春正月初三日进香①	宝相寺后雨花台岩上	墨书
17.	万历	（明）神宗	1591	万历辛卯岁正月初七日宾川州文人陈灿杨士禄杨启董纯芳进香记②	宝相寺殿后雨花台岩上	墨书
18.	永历	（南明）桂王	1652	浪诏马泰于永历壬辰岁游书③	第6号窟明王堂龛柱上	墨书
19.	无	阙失	无	杨纯施恩成王甫杨录④	第5号窟《维摩诘经变》中的"问疾品"造像龛柱侧	书刻
20.	无	阙失	无	张受海杨镇董大明杨大许⑤	第5号窟《维摩诘经变》中的"问疾品"造像龛柱侧	书刻

---

① 杨延福:《剑川石宝山考释》,昆明:云南民族出版社,1999年,第159页。

② 杨延福:《剑川石宝山考释》,昆明:云南民族出版社,1999年,第159页。

③ 杨延福:《剑川石宝山考释》,昆明:云南民族出版社,1999年,第159页。

④ 杨延福:《剑川石宝山考释》,昆明:云南民族出版社,1999年,第61页。

⑤ 杨延福:《剑川石宝山考释》,昆明:云南民族出版社,1999年,第61页。按:杨延福先生考证,"杨纯施恩成王甫杨录"与"张受海杨镇董大明杨大许"笔迹不相同,应是不同时代的题记,故将其分开罗列。

序号	年号	皇帝	年份	录文	题址	形式
21.	隆德	阙失	无	隆德七年宾川人李承德游此①	第1号窟南诏第六代国王异牟寻议政图龛旁	书刻

从以上游人题记的年份来看，元代有11则，明代7则，无年号的2则，年号有疑问的1则。从题记的具体日期可知，游人游历石宝山一年四季皆有。宝相寺后雨花台岩上的墨书为"正月初三"为最早的月份，其次为"正月初七"，依次为"三月十五日""四月二日""四月十一日""五月""九月二十七日""十一月初九"。从游人的籍贯来看，有大理、赵州、凤羽、鹤庆、鹤川、永昌、宾川州、浪诏及剑川州。从游人的身份来看，有官员、文人、善士及普通民众。从人们出游的形式来看，有的是独自前往石窟观览，如第3号窟龛壁上题写"至元六年四月十一日大理人李福顺到此"，第6号窟龛旁题写"至元六年四月十一日马文彬到此"等。有的则是结伴而来，如第8号窟龛旁所题的为"元统二年□□□八日凤羽住人李生杨际一行人烧香到此"等。他们或是游玩，如狮子关石壁上题写"嘉靖壬戌翰林庶吉士中溪李元阳同游五人过狮子关""隆德七年宾川人李承德游此"。或是烧香拜佛，如宝相寺后岩台上写"永昌下村善士冯翔凤同邓川交友戴元宝赵书杨文辅杨际才等俱于万历丁酉年春正月初三进香""万历辛卯岁正月初七日宾川州文人陈灿杨士禄杨启董纯芳进香记"。从

---

① 杨延福:《剑川石宝山考释》，昆明：云南民族出版社，1999年，第67页。

游记题记的数量统计，第 8 号窟"阿姎白"的题记最多，为 6 则；第 5 号窟的题记为 4 则，第 3 号窟"地藏王菩萨"为 3 则。这些游人题记短小精当，记录了游历者的籍贯、身份、时间的信息。从游历者的姓氏来看，有李氏、马氏、赵氏、高氏、张氏、陈氏、施氏、戴氏、杨氏、董氏多个姓氏。

除了以上两类主要的题记之外，在沙登箐窟区的第 13 号窟"阿嵯耶观音"造像的背屏上右方还标有"圣□四年壬寅岁"一行 7 个字，其中"□"一字无法确考。大理国第 10 代国王段素兴曾使用"圣明"的年号。此年号的使用以 1042 年为起，止于何时待考。因此，"□"缺失的字极有可能为"圣"字。

综合剑川石窟的题记可知，造像题记产生于南诏、大理国时期，说明南诏、大理国时期为剑川石窟造像产生的主要时期，可谓之为"造像时期"。元明清时期不再出现造像题记，身份各异的人们络绎不绝地前往剑川石窟观瞻、游耍或是求祈，留存的均为游人题记，反映了这一阶段剑川石窟成为人们观览膜拜的对象，剑川石窟由此进入"观像时代"。

第三节　碑记

剑川石窟碑记为明清两个时期的留存，共计 13 通，具体为明代的《石宝山记》《重修石宝山碑记》，共 2 通；清代的《圆寂开建石宝传讲经律大戒沙门临济正宗派寂讳定公和尚寿量普同塔铭碑》《石宝山佛顶寺开山传讲经律自如和尚道行碑》《重建石宝山祝延寺记》《祝延寺独耀禅师寿量塔铭》《海云居常住记》等，共 11 通。

一、明代碑记

剑川石窟留存的明代碑记共 2 通，镌刻在同一通碑上，碑阳为 1567 年李元阳所写的《石宝山记》，碑阴为 1610 年由信众所立的《重修石宝山碑记》。两篇碑文镌刻的时间相差了四十余年。

（一）《石宝山记》

《石宝山记》与《重修石宝山碑记》现存于石钟寺内左厢廊庑下。碑为红砂石质，高 138 厘米，宽 78 厘米，厚 12 厘米，碑头左右截角。碑文录文如下：

石宝山记

赐进士第知荆州府前翰林庶吉士江西道监察御史太和中溪居士觉林李元阳撰文（二行）

剑庠门生□□杨道东篆额刻石（三行）

庠生述齐李学同书丹（四行）

剑川石宝山，缘岩多石像。有观音，有诸菩萨，有罗汉，皆

若雕镂然。及省其手足指爪，剥折之处（五行）又皆空洞如人之骨，乃知其为天成。又省其空洞之穴，皆有凿痕。反复辨别，莫究端倪。噫嘻！既示天（六行）巧于不可致诘之中，复示人为于不可措手之处。天壤间一段奇事，如于编籍中见之，鲜不诋其（七行）谬妄。嘉靖庚寅，予与成都修撰升庵杨公慎来游，备悉其状如此，岩栖不能去者累日。樵者指一（八行）洞，谓予曰：此中石罗汉以百计，榛塞不能入。怅然而去。上至灵泉，状如仰臼，才容斗水，百人把取（九行）而不减，不把亦不溢。旁有几案、衣履、衣壶濯之属，下有石狮、石犬、石蟆听经等异状。天下名洞虽往（十行）往有之，然皆石乳结成，仿佛肖似，独此出于露地，既多而又逼真，亦奇观也。下山夜宿兴教寺，升（十一行）庵谓予曰：兹山佛像出自天成，然则混沌之初已有佛事，而谓始于汉明帝，然乎？予曰：刘向序《列（十二行）仙传》，谓于佛书中得二十四人，则中国之有佛不自明帝始也。列子学孔子者也，其说孔子之言（十三行）曰：丘闻西方有大圣人，不治而不乱，不言而自信，不教而自化，则春秋时已知有佛矣。尝读《诗》至（十四行）缁衣好贤，则知周之盛世，固已贤之矣。何以明之？衣缁惟佛教为然，厥予改为适馆，授餐（粲）之事，亦（十五行）唯佛门有之。然则佛生于周初，其徒已为中国所贤，章章明矣。升庵抚掌然之。予今别兹山三十年（十六行），升庵已物化。一日有方外静空持山图征予为记，且曰：兹山非复旧观，颓圮已甚，父老咨嗟，咸（十七行）愿修复。予披寻旧游，宛如昨日，俯仰今昔，慨然兴怀。追忆往时，吾弟元期秀才实从吾游，渠尝以（十八行）修葺为劝。予时窃禄四方，宿志未酬。其人虽逝，其言在耳。今诸人果不渝始盟，予固愿割田益之（十九行）。遂书以为记（二十行）。

嘉靖四十六年春王正月吉旦。

剑川州世袭土官华山赵守臣、弟赵定忠、僧正司德果谨立（二十一行）。

应袭赵瞻石匠杨乔祖杨时受□（二十二行）。（杨延福录文）[1]

碑阳额上书刻"石宝山记"4个大篆字，文22行，不少地方已经剥落。碑文对立碑时间、撰文、刻石、书丹者的信息记录完整。文末落款为"嘉靖四十六年春王正月吉旦"，可知该碑立于1567年。

碑文的撰者为"赐进士第知荆州府前翰林庶吉士江西道监察御史太和中溪居士觉林李元阳"。[2]"李元阳，字仁甫，号中溪，别号逸民，大理人。生于弘治丁巳（1497），卒于万历庚辰（1580）。嘉靖壬午科（1522）举人，丙戌科（1526）进士。初授翰林院庶吉士，因议事'忤权臣，出补分宜，分江西秋闱'。事毕，适逢母殁，回乡。后补江阴，迁户部主事，改监察御史，独立不阿，惹嘉靖不悦，又调荆州知府。后奔父丧，去职，从此隐居。"[3]从李元阳的生平履历来看，对照撰写《石宝山记》的时间，应正值其隐居乡里期间。碑载："剑庠门生□□杨道东篆额刻石"，

① 杨世钰主编:《大理丛书·金石篇》(10)，北京：中国社会科学出版社，1993年，第102页。

② 杨世钰主编:《大理丛书·金石篇》(10)，北京：中国社会科学出版社，1993年，第102页。

③ 张文勋:《白族文学史》(修订版)，昆明：云南人民出版社，1983年，第374页文称李元阳："卒于万历己丑（公元1580年），年八十四岁。"据李崇智先生编著《中国历代年号考》(修订本)万历己丑为1589年，但《白族文学史》中言李元阳卒于万历己丑，即1589年，但却注为公元1580年，又言其年八十四岁，这与其卒时间不合。若以万历己丑计应为96岁，若以公元1580年计，应为87岁。

"庠生述齐李学同书丹"。^① 可知，篆额刻石由杨道东完成、书丹由李学同完成。杨道东、李学同的身份无法确考。碑载"剑川州世袭土官华山赵守臣、弟赵定忠、僧正司德果谨立"^②，说明立碑者为剑川州土官赵守臣及其弟赵定忠、僧人德果。

碑记的主要内容分为三个层次。从开篇首句"剑川石宝山，缘岩多石像"至"天壤间一段奇事，如于编籍中见之，鲜不诋其谬妄"为第一层次。这段文字是李元阳对剑川石窟造像印象式的描述，突出了剑川石窟造像类型丰富、浑然天成之感。接着从"嘉靖庚寅，予与成都修撰升庵杨公慎来游"至"升庵抚掌然之"为第二层次。在这段文字中，李元阳回忆了三十年前自己与杨慎同游剑川石窟的经过，尤其对当时二人对佛教的讨论记忆犹新。从"予今别兹山三十年"直至文末为第三层次。这段文字说明了李元阳撰写碑记的原因：一是应僧人静空之请。碑文说静空为了求得此文将剑川石宝山的山川地图带给李元阳作为撰文参照，并且代表父老乡亲表达了重修石宝山窟寺的共同愿望，希望李元阳不要推辞。二是，三十年前李元阳与杨慎、弟弟元期同游石宝山时，李元期曾经劝说李元阳修葺石宝山。但由于为官在外，一直未能如愿。而今李元期已经去世，李元阳念念不忘当时他说过的话。借此重修之机，李元阳捐赠田产，了却元期当年的心愿。

（二）《重修石宝山碑记》

《重修石宝山碑记》，额上书刻"重修碑记"4个双钩大篆字，

---

① 杨世钰主编：《大理丛书·金石篇》（10），北京：中国社会科学出版社，1993年，第102页。
② 杨世钰主编：《大理丛书·金石篇》（10），北京：中国社会科学出版社，1993年，第102页。

文字多剥落，文 25 行。该碑的录文为：

今将石宝山常住田亩原在沙退独树和，并蕨市坪甸内条段扶持香火山户姓名开具于后（一行）：石宝山之建不知何许时，迩来圮甚，欲有以葺之而住持不常。今秋适鹤庆府有文林山主监生高栋（下阙）（二行）弟高椿、高标、叔高（三行）招、住僧圆德，在彼重修殿宇，复造桥道。吾侪慨此丰年，随缘补缮，承十方善士喜拾□□□针合□□□（四行）。聘景僧每每觑忘于永平兜率之始，普通同泰之盛，今不听其官桥倾颓而勘之修者，向居。但此地为□奇境，惜乎栋柱□□（五行）宏厂，不修补之，期载可负先人之意耶？奈何以有用之物，坐视其倾而不为之修以存矣□□□□之圆德。愚虑恐后紊（六行）乱，仍又被积棍欺觅。逐将长住等情条段开具于碑，足见小僧始终成就，万古遵守，以为□□□□右承之（七行）。

计开（八行）：

一段坐落在独树和舍北甸内秋田壹塸，东至□□□（原缺），南至□□□（原缺），西至河水，北至□□（九行）。

一段坐落在舍前秋田壹垞，东至□□□（原缺），南至□□□（原缺）西至河水，北至□□（十行）。

一段坐落在舍南安婢头，秋田叁亩，又下叁坵。

一段坐落舍下秋田四亩，又路南四亩，以上秋粮叁石肆斗，夏（下阙）（十一行）。

一段坐落在山登和箭场，夏地四亩，东至杨观音奴，南至杨六保，西至尹得子，北至水□□。纳夏税壹斗肆升（十二行）。

一段坐落在庄登南桥头，秋田壹亩伍分，东至原田庄，南至赵奴斳，西至寸二寿，北至□□，秋粮玖升，赵（下阙）（十三行）。

一段坐落在桃羌舍前田壹亩。

一段坐落在蕨市坪大者，夏地肆亩。

一段坐落在龙□□，秋田肆亩（十四行）。

一段坐落在南甸内，秋田二亩。又甸尾秋田叁亩。有山囧囵囵递年输纳麦苗（下阙）（十五行）。

后开大功德主本府通判杨尔名奉中宪大夫知剑川州事爱民父母杨启荣□□□□并舍人杨文显（下阙）（十六行）。乡官查伟、孙健、李三乐、阿贞，举人杨濬、杨芳盛、罗杰、杨栋朝□□□□□浪穹（下阙）（十七行）。四方上舍功德施主何应龙、尹国才、室人杨氏祈嗣速肿早兆添丁。尹国治、杨□□、李维垣、董应元（下阙）（十八行）、赵国琊、张绍麟、杨绍芳、程藏、刘国泰、张近楚、罗承魁、金铨、金□□、罗仙洲、罗仙□（下阙）（十九行）、萧成新、李奇才、赵汝森、张应宗、杨君聘、施应宾、刘汝听、朱训（下阙）（二十行）、赵近□、赵汝华、王国柱、郭维藩、李若虚、马元子、赵一元、徐言、杨□氏（下阙）（二十一行）、禄汝恩。本州六房书吏等（二十二—二十三行被剡）。

岢皇明龙飞万剭（历）三十八年在于庚戌仲夏端午良旦碑建。

常人赵世彦、住持圆德、徒弟□聪、□量、□惠、□意、□廷、□□（二十四行）。（何磊录文）[1]

碑载："岢皇明龙飞万剭（历）三十八年在于庚戌仲夏端午良

---

① 杨世钰主编:《大理丛书·金石篇》（10），北京：中国社会科学出版社，1993年，第120—121页。

旦碑建。"该碑是明神宗万历三十八年（1610）竖立。[①] 碑文最后载："常人赵世彦、住持圆德、徒弟□聪、□量、□惠、□意、□廷、□□。"可知该碑由赵世彦等人共同撰写、竖立。

碑言"但此地为□奇境，惜乎栋柱□□宏厂，不修补之，期载可负先人之意耶？"[②] 表达了人们修缮石宝山乃是不想辜负前人在此奇境建寺宇之意。碑载："后开大功德主本府通判杨尔名奉中宪大夫知剑川州事爱民父母杨启荣□□□□并舍人杨文显（下阙）。……赵汝华、王国柱、郭维藩、李若虚、马元子、赵一元、徐言、杨□氏（下阙）、禄汝恩。本州六房吏书等。"[③] 这段文字记录了为石宝山重新维修的捐资者的姓名。其中"四方上舍功德施主何应龙、尹国才、室人杨氏祈嗣速肿早兆添丁"一句较为特殊，将"速肿"与"早兆添丁"联系解读可推知，杨氏捐献功德的最大愿望就是希望自己怀孕，而且生个男孩，表达了求祈子嗣的心切。

（三）《重游石宝山记》

李元阳撰写《石宝山记》并有题诗、题记外，还撰写了散文《重游石宝山记》。该文撰于壬戌孟春（1562），记述了李元阳第二次游历石宝山的经历。原文如下：

石宝山，在剑川州西南深山中。嘉靖庚寅暮春，成都杨修撰

---

① 杨延福：《剑川石宝山考释》，昆明：云南民族出版社，1999 年，第 49 页。

② 杨世钰主编：《大理丛书·金石篇》（10），北京：中国社会科学出版社，1993 年，第 120 页。

③ 杨世钰主编：《大理丛书·金石篇》（10），北京：中国社会科学出版社，1993 年，第 121 页。

约予同游。初抵邓川，杨少参两依翁招浴温泉，饮于其家，欢甚，坐上赋诗投赠。

三日丙辰，经浪穹，见蒹葭杨柳，沃野胰畴，宛如江南。欲投山寺，皆败垣仆栋。不得已，就公馆宿焉。

四日丁巳，过剑川。侵晓入山，风威凛凛，径路奇险，或骑或步。日西至山顶，遥见层层叠叠如板屋、如栈阁者，石宝崖矣。箐底有钟鼓洞，从游之士窥而击之，予二人从洞外听之，宛如钟鼓声也。寺门在望，近不可即。二僧来迎，挽手而上，历览洞壑，一步一坐，且骇且讶。升阶谒佛，更折北，升右梯，至观音堂。又折北，磴险，扪萝而上。山顶有圣泉，从石孔涌出，不溢不流。时从者皆渴，争先挹取，饮百余人而水减。升庵曰："真圣泉也！"予二人各饮泉一杯，殊觉爽健。遂由故道下至僧丈，举酒相劳，各赋诗，尽醉而宿。

戊午，出山南行，望飞崖如廊庑然，心甚奇之。路人曰："此中岩也。"岩岭雕镂石佛菩萨之像，皆精巧奇特，山石皆如虾蟆状。闻西洞中亦有岩洞及石罗汉，然榛莽塞路，不容移步。怅然久之，遂于马上哦诗而回，然常怀西洞未曾历览，每以为歉。

至壬戌孟春，予偕弟元和、姊丈张斗、友人杨和泛舟西洱河，逾象岭，观鹤林寺，历鸟吊山，遂乘舆复至石宝山。此行由间道，宿村舍，路人多不相识，一泉一石，随兴坐卧，殊觉畅适。

既别石宝，将由故道向中岩，忽有樵者指曰："由西涉涧，所见尤胜。"遂如其言而行。二里许，见一石山，蓝碧如染，逼而观之，宛然一狮子也，掉尾低头，如奋迅之状，一行人皆欢呼惊诧。狮背可坐十余人。复由石狮腹下穿出石洞，遥见西溪窈窕，崖岸如削，立石如屏，方石如屋，可以结茅而居。计暮景且逼，空山无人，竟不能往。东行一里，石上雕一波斯人，虽出人为，然亦前代工也。又半里，石崖险处，有一石如象。折南而上，有玉女泉，井方尺，清冽可饮。又里许，乃至旧游之地。追忆升庵、垠溪，未尝见此，今已下世，凄怆挥涕。因赋一诗，书之崖壁，以寄吾思焉。又南行三里，有方岩巇屃，俨如藏经；溪中水石轇轕，两岸怪石，如人如兽、如城如垒，风行其中，有介胄声，令人愀然。既而日下西岭，不及穷搜，村人结松幕相待，各把巨觥，引满三酌而去。①

李元阳在文中记述了前后两次游历石宝山的经过。开头四段追述了李元阳第一次游石宝山的情况，与《石宝山记》中李元阳对第一次游历石宝山的描述大同小异。五、六两段则是转入第二次游历的描写。从"至壬戌孟春，予偕弟元和、姊丈张斗、友人杨和泛舟西洱河，逾象岭，观鹤林寺，历鸟吊山，遂乘舆复至石宝山。此行由间道，宿村舍，路人多不相识，一泉一石，随兴坐卧，殊觉畅适"②可知，李元阳第二次游历的时间"壬戌"为1562年。和他同往的有弟弟李元和、姐夫张斗、朋友杨和。由于此行从间道游玩，所以沿途经过的地方多有不认识，整个游玩的过程较为随兴，尤感舒畅。而在返回的途中，由于樵夫的指点，一行人登临了狮子关。李元阳描述了狮子关的风貌。文载："二里许，见一石山，蓝碧如染，逼而观之，宛如一狮子也，掉尾低头，如

　　① （明）刘文征撰，古永继校点，王云、尤中审订：《滇志》，昆明：云南教育出版社，1991年，第629页。
　　② （明）刘文征撰，古永继校点，王云、尤中审订：《滇志》，昆明：云南教育出版社，1991年，第629页。

奋迅之状，一行人皆欢呼惊诧。……东行一里，石上雕一波斯人，虽出人为，然亦前代工也。"①李元阳用生动简洁的语言展现了狮子关石山的特殊风貌。李元阳对石宝山诸菩萨、罗汉等造像雕造的时间并未考证，其言"其为天成"。②文中还提及"石上雕一波斯人"，所指应为第 11 号窟的波斯国人造像。言波斯国人造像出自人为，乃"前代工也"，但具体为何时并未明确。《石宝山记》、《重游石宝山记》中，展现了石宝山秀美的风景，体现了李元阳对佛教文化的思考和修复古迹之心，与众人皆不同。对僧人静空而言，修复石宝山是弘扬佛法的本分，因此他不遗余力恳请李元阳为石宝山写文作记。再看杨启荣等信众，他们为修复石宝山捐资则是出于对佛教的信仰，希求佛祖能够赐福保佑。

二、清代碑刻

剑川石窟留存的清代碑刻数量不少，主要有《石宝山佛顶寺开山传讲经律自如和尚道行碑》《重建石宝山祝延寺记》《祝延寺独耀禅师寿量塔铭》《海云居常住碑记》《圆寂开建石宝传讲经律大戒沙门临济正宗派寂讳定公和尚寿量普同塔铭碑》《灵泉庵常住碑记》《户部奉旨禁止擅侵佛寺产业碑》《禁止擅侵寺院田产碑》《石钟山牌坊栏杆碑记碑》《常住碑记碑》《石钟山功德碑》11 通。较之明代，清代碑刻内容更为丰富，有记述石宝山寺院高僧的人生行状，有修缮石宝山寺院的功德记录，还有石宝山寺院的田产

---

① （明）刘文征撰，古永继校点，王云、尤中审订：《滇志》，昆明：云南教育出版社，1991 年，第 629 页。

② 《石宝山记》，杨世钰主编：《大理丛书·金石篇》（10），北京：中国社会科学出版社，1993 年，第 102 页。

目录和当时朝廷的相关规定等。

《石宝山佛顶寺开山传讲经律自如和尚道行碑》为康熙二十四年（1685）四月八佛诞日由碑主自如和尚的法嗣所立。该碑原立于石宝山峰顶慈云寺（慈云寺即佛顶寺）。[①]碑文如下：

石宝山佛顶寺开山传讲经律自如和尚道行碑

鹤阳怀道人孙桐撰　段绳祖篆额　段绎祖书丹

师讳寂定，字自如，别号铁牛，族姓张，剑川人也。生而颖异，少孤。年十七同给事杨公宦游，偶因逆缘勃发，灵心顿慕佛乘，潜往南岳，礼无相隐者，相见，便器之，遂留住祝发。未几，辞师之白门，叩诸明哲，精研诸经，忽于楞迦有省，深入诚吾法师之室，圆具于三昧律师，何生公请师设讲于毗陵，自此声光日重，师复退居南岳，刺血书华严，时鹤庆杨大豫侍郎巡按山东，便道朝南岳，钦师高致，访于祝融峰顶，留题书毕，别而去。师慕颛愚和尚，往觐之，诘辩间知师乃为法门良器，他日可为大树，与天下人歇阴凉，凡文字描写不得处，皆以心授，师无不深省。禅侣请颛公论楞严，请师为副座，遂得嗣法于颛公焉。庚辰秋还滇省母，随历都城，人皆望风瞻敬。辛巳冬，过鸡足，住锡石钟。明年春，阁山请师论楞严，师放出灵牙利齿，河注海翻，天花乱午（舞），闻者莫不惊喜得未曾有，法席之盛，振于南滇矣。甲申夏，拟辑南岳，镇南州牧诸公隆心求道，留教数月，值明末烽起，戌（戎）马阻途，退隐鸡山狮林。鲁川养晦赵公，延师主拈花禅院，师乃亲耕于石蟆江，以资接纳云游者，皆沾法乳焉。复筑茅

---

① 民国初年慈云寺毁，1972 年碑损毁，该碑为杨延福先生录文。

庵于五华白云间，额曰祝融居，志故地也。乡老先生远源曾公，鹤庆冰壶田公，与师结为方外交，坐谈间，时人称三笑云。余登山，得从师游，大凡语默，师皆首肯，因为师勉力捐资，去故更新，越一载而殿宇禅室法像称备，师改颜曰碧磊居，余别号也。师至孝，过剑城，耆儒赵公鹤，慕其德，固留延之住持石宝山之宝岩，遂添建宝岩别室为师母所，而母耄年寿终，以缌礼归葬。时有东宫侍卫存蓼段公，请师拮茎建寺于石宝山峰头，名佛顶寺。功告成，轮奂巍然，龙翔凤翥，景丽山林，两挟其胜。适永历驻跸滇城，段公任行在锦衣都督，文封一品，效东坡以玉带镇山门故事，邓川陶石刘公，送大藏经置于寺中为光明幢。所历郡侯樊、罗、万诸公咸敬礼焉。师斌性冲和，一丝不挂，唯以宏法为己任。挥麈则才辩风生，满腔流出，悉成法音。濡毫则词藻泉发，无非妙谛。吴、楚、滇、黔讲演诸经若干会。曾注释楞严、法华、楞迦、圆觉、金刚等经，宝训、起信论、八识规矩。所著诗文杂集不一。因兵乱相仍，惜未梓行，然观之者不啻三千大千中一阵春雨矣。师慧性无碍，尤长于书法，安禅之暇，每拈句示人，远近禅林，莫不睹龙蛇飞走于壁间，而意益传、风益广，吾滇数百年来，西江一滴，其在兹乎。己亥冬日，倏尔示疾坐化，一衲之外，不余丝物，但闻空香满室而已。越二日阇维法孙普联等，收取舍利，立卒堵于寺之左岗，世寿六十一，僧腊四十有四，师之操履实行，英敏博识，温柔恬怡，朴直孤高，非笔所能罄，聊叙其梗概，以垂诸后云，铭曰：众山之尊、德本素植、曾在灵山、受佛遗嘱。解脱丈夫、沙门赤帜、拔萃衡山、一枝横出。普令世人、歇阴藉樾、法本心传、德无所得。启牖群述、吐广长舌、如来宝藏、一朝漏洩。并驾三车、沿路合辙、踞座高谈、波旬折服。狮子岩前、门徒聚石、花雨盈空、云翻贝叶。机辩悬河、野狐尽脱、说到无生、说本无说。严净毘（毗）尼、花生雪谷、正令全提、尊严特达。吴楚黔越、篇映明月、旋乡觐母、随佛奉佛。石宝峰头、拈基建刹、振锡灵山、昏衢照烛。万法齐张、一丝不缚、涓涓西水、自兹莫竭。花甲余龄、报梅子熟、四大风狂、梅檀树折。出此入彼、携履蓦直、河沙佛国、优游出没。化事已终、有谁生灭、青鸟山人、点地马鼠。建立浮图、珍藏灵骨、瑞应宝山、钟灵韫璞。裕后光前、人天眼目、法裔云仍、传衣相续。一派渊源，汪涵溟渤。

康熙二十四年四月八佛诞日徒照敏、照贤、照律、照愚，嗣法孙普联、普和、普祥、普悦、普深、普戒、普教、普逻、普训、通淑、通胜、通贯、通徇、通学、通人、通恩、通济、通彻、通迪、心慧、心纯、心霁、心礼、心授、心诚等仝立石。[1]

依据清代《光绪鹤庆州志·文学》载，该碑的撰者孙桐"字我仪，幼颖异，读书十行俱下，童年补诸生，所为诗文，出入襄阳、辋川间，古文词尤清健，晚岁弃举子业，结茅鸡足山，博极全书，尤契伊洛渊源理，后以母老，归家讲学授徒，弹琴乐志以终，著有《说石山房集》《碧磊驴背集》等书。"[2]篆刻碑额的段绳祖为出资请寂定主持建佛顶寺的段晅的长子，明朝赐封恩荫锦衣卫正千户。书丹段绎祖为段晅的次子，为清康熙二十年举人，任

① 杨延福：《剑川石宝山考释》，昆明：云南民族出版社，1999年，第49—51页。
② 转引自杨延福：《剑川石宝山考释》，昆明：云南民族出版社，1999年，第52页。

湖广兴宁知县。

碑文对明清易代之际自如和尚一生的行迹记述详细。自如和尚十七岁时喜结佛缘出家为僧，之后开始云游拜师。先后跟随南岳无相隐者、江苏白门诚吾法师、三昧律师研习佛法，后成为颛愚和尚的法嗣。回到云南后，因受剑城耆老赵公鹤留延，住持石宝山之宝岩，后又住持佛顶寺。自如和尚性情冲和，才辩风生，长于书法，对《楞严》《法华》《楞伽》等多部佛家经典皆有注释研究，世寿六十时坐化。

《重建石宝山祝延寺记》现存于剑川石宝山宝相寺，祝延寺乃宝相寺的前身。该碑立于康熙三十年（1691）。碑通高244厘米，碑身高185厘米，宽92厘米，厚16厘米。额为半月形，上面刻有双龙盘云案饰，纹饰下书刻"祝圣延禧"四个大字，边框刻缠枝芝草纹饰。文字共22行。录文如下：

重建石宝山祝延寺记（一行）

乡进士文林郎原知湖广衡州府临武县事加一级郡人潜庵甫赵瑊美撰文并书（下刻二篆文章）（二行）。

剑之有石宝也，载在郡乘，为封内八景之一，历称名胜，与鸡足、水目班。初，山未开生面，徒以白云为藩，阻峭壁（三行）为屏风，空谷跫然，足音罕到。自元时漾水高世守游畋及兹，见山中毫光若炬，因排棘扪萝而前，□一神僧，现（四行）辟支身，跌悬崖下，叩之，乃诺。巨罗尊者。先证觉于眉州中岩，来此显化。高遂诛茅铲芜，作化城而书岩之额曰（五行）：祝延。① 迄今

---

① 注："叩之，乃诺。巨罗尊者。"句读应为："叩之，乃诺巨罗尊者。"

数百餘祀。祝于斯，祷于斯，靡弗应捷桴鼓者，高倡之也。即先明太史升庵杨先生偕中溪李先生探（六行）幽此地，见其峰回路转，林壑之美，蔚然深秀。既而摩空翠嶂，诡状万千，真不减一片奇云，从天际落其中。灵泉（七行）结乳，怪石磊磊，作仙佛相、鸟兽相、钟鼓琳琅相。种种天成，应接不暇。留题有"老藤穿石挂虚空，欲坠不坠寒人（八行）股"之句。是又鸡足、水目景所希觏也。自是，韵士游人，时时星聚，乃肇有玉阁若宝顶寺。灵泉庵则葺自大奎（九行）吾存蓼公，延自如师为挥麈地。①后行僧继若，又绍僧楚石而营海云居，莫非为祝延一刹添锦也。康熙丁卯，祝（十行）延以炉炽召回禄，栋宇俄烬，岂神僧西去，地不复灵。抑数百年之陈迹，宜更鼎新耶。有住持性珠，发愿倾囊，又（十一行）能广得人缘，檀施如织。遂庀材鸠工，晨夕展力，俾瓦砾废址，倏而黝垩，丹漆楹角焕然。②视昔开山之高世守，勋（十二行）莫烂焉。殿堂门庑，悉举旧制，而规模壮丽，略示更张。工起戊辰季春之朔，迨至庚午授衣，而百堵具兴，工用告（十三行）成。从兹上祝（十四行）圣朝，永延令祚，行将与石宝齐寿，岂特剑乘八景之一幸无缺陷，不滋异时文献之感哉！是为记（十五行）。

荣禄大夫上柱国左都督马讳声字正希，上党人。中军副府戴

---

① 注："自是，韵士游人，时时星聚，乃肇有玉阁若宝顶寺。灵泉庵则葺自大奎（九行）吾存蓼公，延自如师为挥麈地。"的句读应为："自是，韵士游人，时时星聚，乃肇有玉阁，若宝顶寺、灵泉庵则葺自大奎（九行）吾存蓼公，延自如师为挥麈地。"

② 注："遂庀材鸠工，晨夕展力，俾瓦砾废址，倏而黝垩，丹漆楹角焕然。"句读应为："遂庀材鸠工，晨夕展力，俾瓦砾废址，倏而黝垩丹漆，楹角焕然。"

朝（十六行），奉政大夫知剑川州事张讳国卿字君锡，沈阳人。世袭州判赵震，住持僧性珠，修建徒孙祖胤、祖庆。（十七行）

康熙三十年岁位辛未仲春月吉旦立。

乡绅士庶人等，木匠张居垣（十八行）。（张玉华录文）①

祝延寺又名石宝寺，在石宝山大山谷西面，寺院历史较长。关于祝延寺建造于何时，主要有三种说法。

一说，不知祝延寺建造于何时，见《重修石宝山碑记》。碑言："石宝山之建不知何许时，迄来圮甚，欲有以葺之而住持不常人。今秋适鹤庆有文林山主监生高栋（下阙）弟高椿、高标、叔高招，住僧圆德，在彼重修殿宇，复造桥道。"②

一说为唐时建。《祝延寺独耀禅师寿量塔铭》载："若石宝开创唐初，高伦公建祝延寺"。③

一说为元代鹤庆路军民总管高家创建。清代康熙三十年（1691），剑川赵珽美撰写的《重建石宝山祝延寺记碑》言："自元时漾水高世守游畋及兹，见山中毫光若炬，……高遂诛茅铲芜，作化城而书岩之额曰：祝延。迄今数百馀祀。"④可知，元代漾江（即鹤庆）高世守畋猎至此，忽见山崖放异彩，即披荆扪萝而攀到崖下，见岩屋中一老僧现辟支身潜修，高世守叩问，乃诺巨罗尊

① 杨世钰主编：《大理丛书·金石篇》（10），北京：中国社会科学出版社，1993年，第150页。
② 杨世钰主编：《大理丛书·金石篇》（10），北京：中国社会科学出版社，1993年，第120页。
③ 杨世钰主编：《大理丛书·金石篇》（10），北京：中国社会科学出版社，1993年，第151页。
④ 杨世钰主编：《大理丛书·金石篇》（10），北京：中国社会科学出版社，1993年，第150页。

重建石宝山祝延寺记。

者，高世守立即为尊者诛茅铲芜创寺，名曰祝延寺。

《祝延寺独耀禅师寿量塔铭》立于康熙癸酉（1693）。碑系大理石质，碑头弧形，高 52 厘米、宽 36 厘米，文字共 18 行。原立于石宝山独耀禅师墓塔，塔倒碑断为两截，现存于宝相寺。碑文如下：

祝延寺独耀禅师寿量塔铭（一行）

比丘戒契弟普联和尚撰文（二行）

汉明帝梦金人，佛法入中华，皈心像教之设，始于此也。若（三行）石宝开创于唐初，高伦公建祝延寺。兹有独耀禅师者，乃鹤阳望族，世习园（四行）学之子也。素性宽洪，击发自性。于壬辰年入石宝，礼惺初平大师（五行），从师慧昌知其良器，遂削发为徒，秉戒于本山（六行）自如大和尚，赐讳普灵，师入道之由也。监院有年，后序方丈，续祖灯于不（七行）夜，因气数使然，有除故易新之变，将后殿宇廊庑烬恢。师重辉煌（八行），佛像鼎新，费尽心血，诸物称备。是乃祝延之希有也，自此名高望重。师讳（九行）性珠，字曰独耀。性者道源，自性是一，佛性无二无别，天真自性也。珠者（十行）即摩尼宝珠，随机应现，无欠无余。是知洒珠独耀于沧海也。于此日用（十一行）见闻觉知，著得首楞严经。公常住真心，性净明体而大，寂灭定备在我（十二行），而不在经。若然者心外无法，法外无心，本性岂能心法所对待哉。于癸（十三行）酉间，效阿育王造八万四千宝塔，供养如来舍利，建寿量塔于前山（十四行）之岗。师遂过室，征余为铭。是以不羞浅陋，聊序教语为铭。铭曰：自性空寂，无来无去。珠沉性海，山云滴沥。

皆康熙癸酉岁孟夏月廿一日吉旦立。[1]

撰文者普联是海云居的开山者，能诗文，工于书法，但皆未传世。碑文开头简单回溯了石宝山开创的历史，言"石宝开创于唐初"，又言"高伦公建祝延寺"。这里的"高伦公"与《重建石宝山祝延寺记碑》中所言"高世守"应为同一人。其后，塔铭的主要篇幅记述了独耀禅师的行状。其中，对独耀禅师入石宝山后革故鼎新、弘扬佛法的功绩尤为称赞。

《圆寂开建石宝山传讲经律大戒沙门临济正宗派寂讳定公和尚寿量普同塔铭碑》今存于海云居山门外左冈寂定和尚墓塔上，立于康熙三十五年（1696），系大理石碑。碑高82厘米，宽49厘米，碑文不知何故有数十字被凿毁。从所余文字来看，主要记录了高僧寂定和普联祖孙行状。碑文撰者为剑川人赵珽美，康熙二年举人，官湖南临武知县，并工诗、善书，有诗集《石竹居诗草》，可惜亡佚。[2]

《灵泉庵常住碑记》今存于庵内灵泉井旁右山墙前，雍正二年（1724）立。该碑为砂石质碑，高150厘米，宽62厘米。该碑主要记录了灵泉庵兴建及常住田产和住僧名。灵泉庵在宝顶峰东崖坪东北侧岩腋，傍危岩起屋宇，庵殿左屋内地上，有瓮形的小水泉井，是被列为"剑阳八景"之一的"石宝灵泉"，灵泉庵因此得名。李元阳《重游石宝山记》记录了灵泉水的情况。文载："山

---

① 杨世钰主编：《大理丛书·金石篇》（10），北京：中国社会科学出版社，1993年，第151页。
② 杨延福：《剑川石宝山考释》，昆明：云南民族出版社，1999年，第59页。

户部奉旨禁止擅侵佛寺产业碑。

禁止擅侵寺院田产碑。

石钟山牌坊栏杆碑记碑。

顶有圣泉，从石孔涌出，不溢不流。时从者皆渴，争先挹取，饮百余人而水减。升庵曰：'真圣泉也！'予二人各饮泉一杯，殊觉爽健。"①

《户部奉旨禁止擅侵佛寺产业碑》立于乾隆三年（1738），存于石宝山宝相寺大殿庑左山墙，为砂石制，高153厘米，宽74厘米，为乾隆初年户部奉圣旨禁止擅侵寺产业的文告，由当时寺僧立石于寺庙，文字保存较为完好。②

《禁止擅侵寺院田产碑》为乾隆三十一年（1766）剑川州府批示的文告，今存于宝相寺大殿左山墙前，为大理石质，高132厘米，宽55厘米，文字保存完好。该碑竖立乃因剑川高家后人因为人们侵占该寺田产而上告州府，剑川州僧正司广法遵照州守批示的文告而勒石。③

《石钟山牌坊栏杆碑记碑》立于嘉庆二年（1797），碑今存于石钟寺第6号窟北邻的石壁上，为大理石质。碑高71厘米，宽44厘米，文字完好。碑记叙述住僧通沏募缘建立山头石坊，筑砌石刻造像前石栏杆等事。由石匠李得进、李得胜、杨仲选、李得培等人刊刻。④

《海云居常住碑记》为乾隆五年（1740）刊立。该碑立于海云居二殿外庑右山墙前，为砂石质，上头截角。碑高185厘米，

---

① （明）刘文征撰，古永继校点，王云、尤中审订：《滇志》，昆明：云南教育出版社，1991年，第629页。
② 杨延福：《剑川石宝山考释》，昆明：云南民族出版社，1999年，第59页。
③ 杨延福：《剑川石宝山考释》，昆明：云南民族出版社，1999年，第59页。
④ 杨延福：《剑川石宝山考释》，昆明：云南民族出版社，1999年，第59—60页。

宽 81 厘米，厚 10 厘米。刻文列为 3 段。碑文如下：

海云居常住碑记

（上栏）

今将楚石置立常住开后（一行）：

一、独树北甸田壹坵，东杨旭，南段德谦，西北沟，计壹亩陆分（二行）。

一、独树北甸田壹坵，东沟，西南杨旭，北段和子，计壹亩捌分（三行）。

一、独树东山脚田陆坵，东杨旭，西段绍祖，南承让，北沟，计壹亩捌分（四行）。

一、独树舍西田拾捌坵，东房，西杨旭，南段家，北沟，计陆亩叁分（五行）。

一、独树禾舍后田叁坵，东段家田，南西路，北房，计壹亩玖分（六行）。

一、独树禾舍东田叁坵，东南段家田，西房，北沟，计壹亩（七行）。

一、独树禾南甸田伍坵，又于田边开垦贰坵，东段章，南埠，西河，北沟，计叁亩贰分（八行）。

一、独树禾舍南田壹坵，东段家田，南阱，西段秀宁，北有定，计捌分（九行）。

一、独树禾东山脚田肆坵，东有仁，南段家田，西段秀宁，北沟，计贰亩捌分（十行）。

一、独树禾东山脚田陆坵，东南山，西尹一元，北沟，计肆亩陆分（十一行）。

一、独树禾东山脚田陆坵，东山，南阱，西北有仁，计壹亩叁分（十二行）。

一、独树禾北坡田肆坵，东南北坡，西埲，计壹亩叁分（十三行）。

一、独树禾北山脚田捌坵，东南山，西荒，北段接元，计壹亩叁分（十四行）。

一、独树禾北坡田拾坵，东西山，南路，北埲，计贰亩柒分（十五行）。

一、独树禾北山头田捌坵，东山，南尹一元，西北坡，计贰亩柒分（十六行）。

一、浪渡邑西甸田拾陆坵，东主，南沟，西张犬子，北孙丹桂，计肆亩捌分（十七行）。

一、猴狲充田捌坵，东僧田，南江场，西段家，北沟，计贰亩肆分（十八行）。

一、猴狲充田拾伍坵，东段家，南江场，西僧田，北沟，计叁亩玖分（十九行）。

一、浪邑西甸田伍坵，又田边开垦壹坵，东南北沟，西主，计捌分（二十行）（下阙三行）。

（中栏）

一、罗摩涧舍下田拾柒坵，东路，西段家，南北江场，计伍亩（一行）。

一、罗摩涧后山脚田肆拾肆坵，东北山，南路，西主，计捌亩捌分（二行）。

一、罗摩涧后山阱田伍十捌坵，东南西山，北沟，计陆亩捌分（三行）。

一、东山小充中贰拾肆坵，东西北山坡，南阱，计贰亩（四行）。

一、罗摩涧前甸田捌坵，又于田边开出贰坵，东北杨开运，南沟，西段家，北塝（五行），计叁亩（六行）。

一、罗摩涧猴狲充田柒坵，东塝，南荒，西袁代生，北沟，计叁亩贰分（七行）。

一、罗摩涧田拾坵，东大用，南王金娘，西沟，北段家，计贰亩壹分（八行）。

一、罗摩涧舍后田拾陆坵，东北、南、西北路，计壹亩捌分（九行）。

一、罗摩涧东坡头田拾玖坵，东山，南路，西北坡，计壹亩肆分（十行）。

一、罗摩涧东坡头田拾玖坵，东荒，西主，南北山，计贰亩（十一行）。

一、罗摩涧东山头田拾坵，后开垦叁块，东塝，南沟，西涧，北坡，计捌分（十二行）。

一、罗摩涧东山上田拾叁坵，东西北山，南荒，计玖分（十三行）。

一、罗摩涧东山坡田贰坵，东南山，西沟，北主，计叁分（十四行）（下阙四行）。

（下栏）

今将继安置立常住开列于后（一行）：

一、买得罗万奎沙登舍前田贰坵，东李英，南北沟，西丽田，计肆亩叁分（二行）。

一、买得罗万奎沙登舍前田叁坵，东丽田，南北塝，西丽田，计肆亩壹分（三行）。

一、买得杨润沙登舍北田贰坵，东李成生，南神祖，西常住，北沟，计贰亩（四行）。

一、买得段根宁沙登舍前田贰坵，东沟，南段三子，西丽田，北香田，计叁亩（五行）。

一、买得梵容沙登舍北田壹坵，东成甲，南沟，西丽田，北赵孟贞，计肆亩（六行）。

一、买得梵容犬母背田壹坵，东常住，南成甲，西常住，北沟，计贰亩（七行）。

一、买得段根宁沙登香架田叁坵，东南沟，西丽田，北杨二奴，计贰亩（八行）。

一、段尚龙喜舍田甸头和大场底贰坵，东南杨井府，西张家受，北张家，计叁亩贰分（九行）。

一、买得杨忻夏田贰坵，坐落寺登舍北，东杨经纬，南刘家，西沟，北赵明，计贰亩（十行）。

一、买得杨忻夏田，坐落寺登舍北江弄，东杨天池，西杨进，南北沟，计贰亩（十一行）。

一、买得罗万奎沙登舍东下草坪田叁坵，东杨亮显，南吴成泰，西杨琴咏，北启详，计壹亩伍分（十二行）。

一、浪渡邑□□场山地肆块，东场，西坡头，南段小子，西罗摩涧，北岭头，递年纳□□叁伍拾□（十三行）。

一、浪渡邑庄房壹所，坐西朝东。□□

一、独树禾庄房壹所，坐西朝东（十四行）。

一、沙登庄房壹所，坐北朝南。楼房叁间，地基壹块。□□又房壹间（十五行）。

一、杨龙□坐落石宝山阴中麦地壹块，东牛坡，南沟，西石桥，北山岭（十六行）。

一、买得蕨市坪江长福山坡壹块，坐落大宽凹，东南北路，西沟。又房一间（十七行）。

一、买得蕨市坪姜启太北坡壹岭，东沟，南马子场，西山顶，北江。（十八行）（下阙三行）

乾隆五年□□□□□□敬立。（十八行）①

　　海云居在石宝山东支前山西北麓，寺院踞山岗，是层台递高的二进院，山门前有一整齐的石砌方台，拾级而上的山门是悬山式的五间楼门。第一进院中石砌高台，上为二殿，为单檐悬山式。二院的左、右厢为楼房，大殿为单檐歇山殿宇，九脊顶，正面为斗拱挑檐，栏额枋下施挂落，檐庑椽下作卷补。此院四角为香积厨、花厅、方丈等小院室，整座寺院房舍设计与布局谨严古朴。②关于海云居的历史沿革，《重建石宝山祝延寺记》载："后行僧继若，又绍僧楚石而营海云居，莫非为祝延一刹添景也。"③僧楚石为明末游方僧，这里言海云居为其营造。嘉庆时，住持续宏禅师整饬彩绘寺宇，绮丽称剑川丛林之冠。又言"自咸丰、同治地方遭兵乱后，州府穷困，寺院常住为官府没收，以致海云居住僧无

　　① 杨世钰主编：《大理丛书·金石篇》（10），北京：中国社会科学出版社，1993年，第165页。又见杨延福：《剑川石宝山考释》，昆明：云南民族出版社，1999年，第55—57页。
　　② 杨延福：《剑川石宝山考释》，昆明：云南民族出版社，1999年，第26页。
　　③ 杨世钰主编：《大理丛书·金石篇》（10），北京：中国社会科学出版社，1993年，第150页。

倚，多流散而几无僧住，寺院亦破败不堪，几成门可罗雀。光绪二十六年（1900），治城人乡绅何立言见寺院几临荒芜，特招上桃源梁占先来住，梁数年苦心经营，寺院始渐次中兴。然这后僧尼已无，皆为吃素的长斋辈住持。"①言咸丰兵燹后，海云居破败萧条。光绪年间乡绅何立言招居士梁占先住持，经多年经营，海云居慢慢兴盛。

《海云居常住碑记》碑文分上下两栏，上栏记载了楚石和尚募缘资金购置的住田共计80余亩。下栏为继安和尚募缘资金购置住田30余亩，庄房2所，楼房3间，地基1块，麦地1块，山坡1块1岭，房2间。上下栏住田共计110余亩。碑原在海云居二殿明间内庑左壁前，今移在二殿外庑右山墙前，前人无著录文字，文字漫漶及凿毁处无从校补。杨延福先生言："这样的寺院常住，在剑川屈指可数。""石宝山各寺的常住碑，慈云寺已不存。其他则以该碑为典型。"②

《重修石钟寺常住记》存于石钟寺，砂石质，高150厘米、宽56厘米，立在右厢墙前，碑文保持基本完好。碑文如下：

石钟创自盛唐也，其胜概古迹，先贤学士，历历固有标题矣，岂直今日之笔墨哉。然石钟香火悠然尔炽（一行）者，窃得之于传闻之间，则师思□大师之弘缘也。是师派演如谆，发源鹤阳灵泉寺，云游名胜，乃得石宝（二行）钟山焉。福地虽云有矣，而

① 杨延福：《剑川石宝山考释》，昆明：云南民族出版社，1999年，第26—27页。
② 杨延福：《剑川石宝山考释》，昆明：云南民族出版社，1999年，第58页。

石钟山功德碑记外观。

上仅玉阁明王堂有一僧舍，所容不得三五之众，其开始乃杨九生之遗迹也。事远年（三行）湮，枚举未及。继有溪阴庄登寸衷义公，已开拓而扩之。后有西门吴晚景公，沙登李昆然公，三公皆乐善者，而慎（四行）师适与三公遇，此石钟山亦大奇缘也。夫以三公之勤勤募化，于康熙戊辰重修玉阁，乙亥重铸（五行）至尊，继而佛殿崇高，廊庑僧舍之整顿。于是僧行广各精戒律，子孙丛林，庶几乎观厥成矣。至今宗传四代，师徒衣钵（六行）之余颇植常住。即三公当日亦植有香火，而今住持海瑱、徒续心丕振重修，不敢忘其祖派之衣钵，并不忍泯列（七行）公之功德，将常住田亩坐落税粮，逐一清勒诸石，以示后之住山者，恪守勿替云尔（八行）。计开（九行）（下阙）。（高永平录文）①

该碑记述慎师和尚到石钟山启建寺宇，又得到沙溪三位施主的资助，重修了玉阁，重铸了佛像，石钟寺修缮复兴，法嗣传承。慎师和尚的第四代传人住持海瑱、徒续心有心重振寺院，将寺院常住田亩进行清算，并将具体情况镌刻于石碑之上，告知世人。

《石钟山功德碑》立于光绪二年（1876），该碑今存于石钟寺左厢墙上，为大理石质。碑高86厘米，宽57厘米，碑文保存完好。

① 杨世钰主编：《大理丛书·金石篇》（10），北京：中国社会科学出版社，1993年，第201页。

第四节　摩崖

摩崖是剑川石窟文献中较为多见的一类。这些摩崖的书写依托剑川石窟天然的石质峭壁，因地制宜。综观这些摩崖，以题诗居多。从其分布来看，主要集中在石钟寺窟区。

一、石钟寺窟区第 1 号窟摩崖

在石钟寺第 1 窟造像右边的石壁上，有清代乾隆元岁甘调元的题诗摩崖。诗言：

乾隆元岁假馆中山因次韵前贤以供一笑

石多异宝结灵山，惹得骚人几辈攀。鬼斧神工施幻巧，猿梯鸟道绝尘阛。普陀横驾撑霄汉，半系楼台叠翠间。万象天成无不古，奇观历历更难数。坡翁狂叫米生拜，也说云根另一股。[1]

乾隆元岁即乾隆元年（1736）。题诗者甘调元是洱源人，"雍正时岁贡，任剑川州儒学训导，来沙溪课考"[2]。

二、石钟寺窟区第 7 窟摩崖

（一）石钟寺"甘露观音"题诗摩崖

剑川石窟现存的摩崖中，以石钟寺第 7 窟"甘露观音"的摩

---

[1] 该诗为笔者田野调查记录。

[2] 杨延福：《剑川石宝山考释》，昆明：云南民族出版社，1999 年，第 64 页。

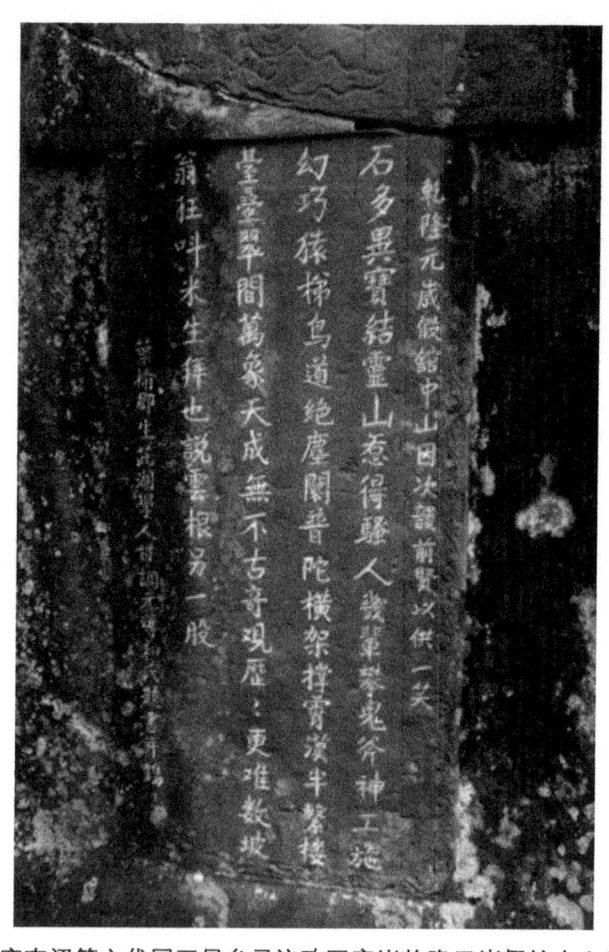

第 1 号窟南诏第六代国王异牟寻议政图摩崖乾隆元岁假馆中山因次韵
前贤以供一笑。

崖较多且集中，一共有 6 则。在"甘露观音"造像龛左右两方的崖壁上书刻 4 则题诗、1 则题字和 1 则藏文偈颂。

李元阳题诗摩崖在造像龛左旁石壁上，这是石宝山摩崖题诗年代最早的作品，录文如下：

嘉靖庚寅，阳同成都杨修撰慎、余弟元期来游，今三十年矣。

剑海西来石宝山，凌风千仞猿猱攀。岩唇往往构飞阁，崖窟层层可闭阛。恍疑片云天上落，五丁把住留人间。霜痕雨溜石色古，璆琳琅玕何足数。老藤穿石挂虚空，欲堕不堕寒人股。

嘉靖壬戌春日翰林庶吉士中溪山人李元阳

壬戌春日中溪子同弟元春、元和，指挥张斗，千户闵照，诗人杨和，道人韩崇，高僧静空、明览重游。次日门下生杨道东督匠谨刻。①

诗言这次是重游剑川石宝山，此时的李元阳已经六十五岁，时隔第一次与杨慎同游石宝山已有三十年。在《重游石宝山记》中李元阳亦言及此游在摩崖题诗之事。文载："又里许，至旧游之地。追忆升庵、垠溪，未尝见此，今已下世，凄怆挥悌。因赋一诗，书之崖壁，以寄吾思焉。"②可见，李元阳重游石宝山时既撰写了《重游石宝山记》，又在第 7 号窟题写了此诗。

---

① 杨世钰主编：《大理丛书·金石篇》（10），北京：中国社会科学出版社，1993 年，第 259 页。

② （明）刘文征撰，古永继校点，王云、尤中审订：《滇志》，昆明：云南教育出版社，1991 年，第 629 页。

第 7 号窟甘露观音李元阳题诗摩崖。

王元英题诗摩崖在造像右旁的石壁上，字体较大，录文如下：

灵鹫分来宝作山，岚连鸟道扪萝攀。牟尼现象升金壁，神斧凭空劈玉阘。恍惚洞门聆说法，转关浑在五云间。层峦出谷奇又古，岛客豪吟尤不数。莫蹴石头岩际去，恐轻打着飞仙股。

崇祯己卯文林郎郡人王元英和吉生公韵。①

王元英是剑川白族人，天启选贡，临汀、蒲圻知县，后升任工部督水司郎中。此诗题于崇祯己卯（1639），距离李元阳去世已经五十九年，为王元英追和李元阳所作。

在王元英题诗摩崖旁边有段耀题诗摩崖，录文如下：

隆武丁亥山人段耀步李太史韵

谁云地僻隐名山，名流曾向此登攀。襟前月泻龙门壁，足下云封石室阘。我欲便从天上去，飘然不复在人间。世代衰兴今又古，纷纷功利何须数。登临自觉兴偏赊，且休廊庙夸肱股。②

张威题诗摩崖，录文如下：

石飞如阵走，地少恍天多。
怎个飘然处，千山不此过。

---

①　杨世钰主编：《大理丛书·金石篇》（10），北京：中国社会科学出版社，1993年，第259页。
②　杨世钰主编：《大理丛书·金石篇》（10），北京：中国社会科学出版社，1993年，第259页。

第 7 号窟甘露观音王元英题诗摩崖。

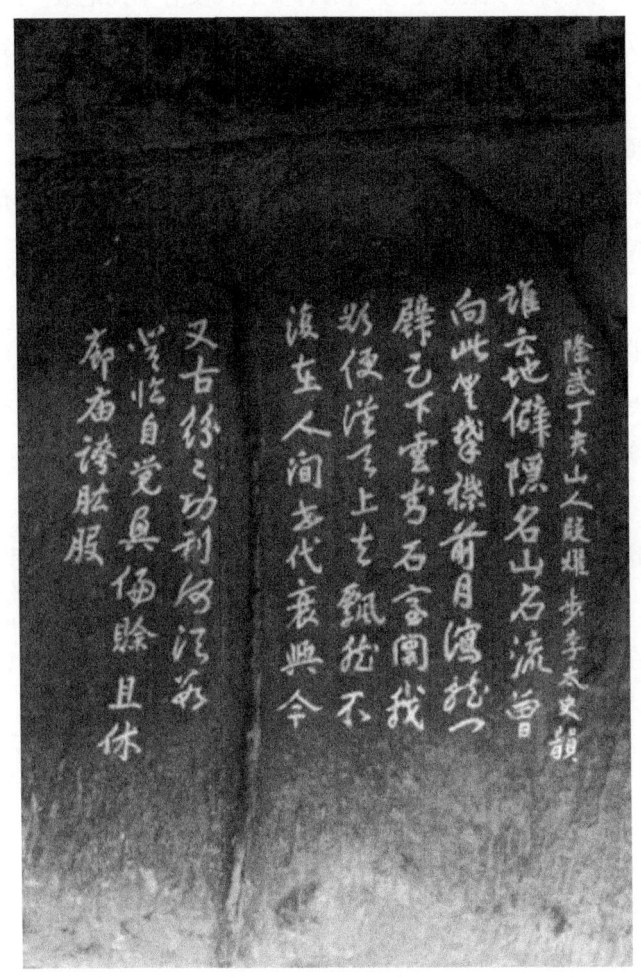

第 7 号窟甘露观音隆武丁亥山人段耀步李太史韵题诗摩崖。

文溪张威书。①

这则短诗题刻在该窟左侧的岩壁上，没有年代记载。

另有一则摩崖位于李元阳题诗摩崖的右上方，题为"奇峭万状 郡士张威题"。在李元阳题诗摩崖右侧题刻"万古胜境"四字，未见落款。其右侧又题"中山"二大字，为成化年间题刻。

特别值得一提的是，在石钟寺第7号窟甘露观音右上角岩壁上用铅粉书写六行藏文偈颂诗歌。汉译的大意为：

将世间受无边苦难的众生，从痛苦的深渊中拯救出来的，是佛！当把你的尊颜刻在岩壁上时，恳求佛的保佑，把我等福薄的罪恶众生，从苦难中解脱出来吧！吉祥！②

这则摩崖诗歌，无年代记载，其下方为李元阳摩崖诗歌。

（二）石钟寺院内石山西壁摩崖

在石钟寺院内石山西壁上题刻清代赖钟俊及其学生唱和的诗作，一共有四首。赖钟俊题诗摩崖录文如下：

乙卯春偕诸生过石钟山偶作

五丁曾遣下苍穹，鼓铸阴阳造化工。巨石独存今古抱，洪钟钟响地天空。牛眠流涧朝朝雨，狮渡悬关夜夜风。更蹑云梯参妙

---

① 杨世钰主编：《大理丛书·金石篇》（10），北京：中国社会科学出版社，1993年，第259页。

② 云南省剑川县文化体育局编：《南天瑰宝——剑川石钟山石窟》，昆明：云南美术出版社，1998年，第41页。

石钟寺院内赖钟俊等四人咏石宝山诗摩崖。

相，岩头诸佛尽玲珑。

昆明赖钟俊题。[1]

赖钟俊为昆明人，清道光末咸丰初年剑川州学正。这是咸丰五年（1855）其抵沙溪阅课与士子访石钟寺时所作。

王城步赖钟俊题诗摩崖录文为：

恭步南岗赖老师原韵

谁将意匠付青穹，顽石成钟鼓铸工。骨重禅寒融万籁，声宏体大镇层空。高僧梦醒遥山月，骚客诗吟太古风。莫怪松涛流韵水，乾坤一㲲结璁珑。

列瀍王城拟。[2]

尹锡图步赖钟俊诗摩崖录文为：

万状魁奇映碧穹，何年鬼斧复神工。岩生古佛垂风相，石结洪钟挂半空。扑地牛眠千夜月，隔村狮吼一关风。扶栏直上如蓬岛，妙在名山蕴玉珑。

瑞河尹锡图。[3]

---

① 杨世钰主编：《大理丛书·金石篇》（10），北京：中国社会科学出版社，1993 年，第 259 页。
② 杨世钰主编：《大理丛书·金石篇》（10），北京：中国社会科学出版社，1993 年，第 259 页。
③ 杨世钰主编：《大理丛书·金石篇》（10），北京：中国社会科学出版社，1993 年，第 259 页。

杨藻翰步赖钟俊诗摩崖录文为：

嵯峨峻岭接玄穹，不有诗人写未工。厥石璘璘昭亘古，如钟
矗矗挂虚空。楼高倚翠连松月，径曲通幽引竹风。想是女娲重炼
处，遗留胜迹尚瑕珑。

西园杨藻翰。①

（三）狮子关窟区题诗摩崖

狮子关北面半山有一岩石脚面，雕一只狮身兽，作回首行进
姿态，李元阳《重游石宝山记》载："见一石山，蓝碧如染，逼而
观之，宛然一狮子也，掉尾低头，如奋迅之状。"所言与这一石狮
情态十分贴近。在石狮旁边突出的岩石上镌刻着这样的文字，由
于年代久远文字有残缺。实录如下：

苔藓□□□，石精成□□。饥渴不饮餐，冬夏□寒□。高岿镇
名山，万古气生灭。

康熙岁次巳午。燕都庄君贤青。□□题并书。②

从残留的文字来看，主要描述了狮身石兽如顽石化精，有着
栩栩如生的情态。题刻时间为康熙年间，"巳午"为干支纪年，但
有误。

---

① 杨世钰主编：《大理丛书·金石篇》（10），北京：中国社会科学出版
社，1993 年，第 259 页。
② 该诗为作者依据田野调查录文。

狮子关窟区题诗摩崖。

第五节　铭文、楹联

刘勰言："故铭者，名也，观器必正名，审用贵乎盛德。"[①]
铭就是名称，指的是观察器物一定要端正它的名称，考察其用重
在美好的德行。

剑川石窟的铭文，零星散落，这里结合文献记录和田野调查
进行整理。

一、山岩铭文

（一）石钟寺窟区山岩铭文

石钟寺大殿背后，有一座突兀的红砂质石，自古被称为"石
馒头"。在其北面的岩脚面，旁刻"观音岩"三个大字。

石钟寺窟区末位，第 8 号窟旁不远的古道旁边，凌空悬崖间，
有古代书刻"波罗岩"三个字。

（二）狮子关窟区山岩铭文

在第 10 号窟所处的狮子关山崖的低处镌刻铭文："狮子关"。
这是嘉靖九年（1530）李元阳亲笔书写的三个字。在"狮子关"
铭文之后还刻有"嘉靖壬戌　翰林庶吉士中溪李元阳同游五人过狮
子关"的题名。

---

① 刘勰著，范文澜注:《文心雕龙注》，北京:人民文学出版社，2006
年，第 193 页。

（三）沙溪古道山岩铭文

从沙溪上石钟寺窟区古道左高约三丈的一岩壁西侧书刻"朝天笏"三个大字。岩壁对面又一高二丈崖东侧书刻"凌云柱"三个大字。

二、造像铭文

（一）石钟寺窟区第1号窟

"南诏第六代国王异牟寻议政图"龛殿前沿立面书刻铭文"山高水长"。不知何人何时所写。

（二）石钟寺窟区第6号窟"明王堂"佛像铭文

该窟的佛像铭文较为集中，并且依托佛造像以对列的方式雕凿。

该窟主尊大日如来佛像左右雕莲花图案榜题，左墨书铭文："是无上咒，是无等咒"8字。右墨书铭文："泛淡祥光，泛淡慈光"。

该窟左肩龛壁莲花图案，榜题佛名。左墨书佛名："大圣东北方不动尊明王"。右墨书佛名："大圣北方步掷明王"。

次左间中两躯三头六臂佛像一对，榜题佛名。左墨书："大圣西方马头明王"。右墨书："大圣西北方大笑明王"。

右间龛壁左右莲花图案榜题佛名。左墨书："大圣西南方大轮明王"。右墨书："大圣南方无能胜明王"。

次右间中龛壁莲花图案榜题。左墨书："大圣东南方降三世尊明王"。右墨书："大圣东方六足尊明王"。

（三）石钟寺窟区第8号窟佛语铭文左右榜题

左墨书："广集化生路"。右墨书："大开方便门"。

狮子关窟区山岩铭文。

（四）狮子关窟区第 11 号窟铭文

在该窟"波斯国人造像"旁龛壁上书刻"波斯国人"四个大字，李元阳《重游石宝山记》言："石上雕一波斯人，虽出人为，然亦前代工也。"二文献可以互证。但无题刻时间、题刻者的信息。

（五）沙登箐窟区第 13 号窟"阿嵯耶观音"铭文

在"阿嵯耶观音"造像背屏右上留有古代墨书"南无琉璃光佛"一行六个字。无题刻时间、题刻者的信息。

三、海云居铜钟铭文

海云居铜钟存于海云居佛殿内，明代嘉靖二十二年（1543）丽江木府木氏铸造。该铜钟造型精美，唇沿为莲花瓣式样，为剑川石窟寺院重要法器。海云居铜钟钟体一框格中铸铭文为："天地惟祐，乐善其身。吉语铭钟，万代永珍。大明嘉靖二十二年癸卯仲春。"钟体另一框格内錾刻小楷字体铭文及年代："时，康熙辛巳秋八月吉旦，蝗蝗厥声，山鸣谷应，九族超创，万灵拱听。佛弟子普联同法孙心授由丽江赍请，悬置。"①

四、剑川石窟寺院楹联

（一）海云居楹联

海云居的楹联一共有 8 则，均为清人题写。具体如下：

剑海开明镜，
雪山列画屏。②

① 为作者田野调查录文。
② 康熙二十三年（1684）大理府通判黄元治撰并书。

海云居铜钟。

海云居铜钟铭文。

佛真是慈悲，唤回大梦为大觉。
你果能著察，参透非色即非空。①

海容因雨变，
云气过楼阴。②

云阴浩荡来诸岭，
海色苍茫满一楼。③

名山樵路曲，
初地佛坛尊。④

世外凭临，三面青山一面海。
云中结茅，二分人为八分天。⑤

花因好客常含笑，
鸟亦娇人似解吟。⑥

树里湖光侵栏冷，

----

① 雍正十三年（1735）剑川知州高为阜撰书。
② 乾隆六年（1741）赵州师范撰书。
③ 乾隆六年（1741）赵州师范撰书。
④ 光绪举人剑川赵藩撰书。
⑤ 光绪举人剑川赵藩撰书。
⑥ 清代许贺撰书。

云间山色入眼底。①

（二）宝相寺楹联

宝相寺楹联一共有 4 则，除 1 则是明代的外，其余 3 则均为清人题写。具体如下：

石高千丈虎，
松老一山龙。②

飞崖万状，俯层台，观灵秀涵奇，谁云宇内无西竺。
峭壁千寻，攒叠阁，睹郁葱光怪，始信人间有洞天。③

只合任他顽，谁偏要辟开混沌。
哪知如此怪，我亦欲粉碎虚空。④

众生是有缘而来，切莫宝山空手。
我佛本无法可说，何须顽石点头。⑤

五、其他

除了以上在剑川石宝山石窟窟区留存的文献外，在方志、游记中还留存人们游历剑川石窟时书写的散文和诗歌。《徐霞客游

---

① 清代戴晟撰书。
② 明末石宝山佛顶开山传讲经律自如和尚。
③ 雍正十三年剑川知州高为阜撰书。
④ 雍正十三年剑川知州高为阜撰书。
⑤ 光绪举人剑川赵藩撰书。

记》用千余字叙述了徐霞客游历石宝山的情景，对石宝山的地貌特点和建筑布局进行了详细的描述。录文为：

于是复西南下一里，涉涧，乃南向升层冈，峡中曲折三里，始南逾其脊。南下二里，有水自西南峡来，至此折而东去，是为驼强江，有大石梁南跨之，桥南环堞连阡。南陟之，半里，有村庐倚南坡下，颇盛，是为驼强村。从村南复随箐南上，一里余，登岭脊。从脊上西望，老君山雪色峥嵘，在重峰夹涧之西，始知石宝之脉，犹从金华南下，而尽于驼强北转之处；若老君之脉，则南从横岭而尽于黑会、澜沧之交矣。平行脊上一里余，稍南下，度峡坳，半里，东望海门之溪，已破峡嵌底而南，有路随箐直下而就之，此沙溪道也；有岐南上盘西峰之南，此石宝道。乃南上盘峰，一里余，凌峰之南，遂西转而饭。从岭头西向行二里，稍下而逾脊西，随之南转西向，一里，又西南逾其北突之崖，始平望石宝之尖，与西峰并峙，而白塔高悬其间。

南一里，遂坠壑直下，一里，抵崖麓，则驼强江自南而北，奔流石峡中，而两崖东西夹峙，巉石飞骞，古木盘耸，悬藤密箐，蒙蔽山谷，只觉绿云上幕，而仰不见天日，玉龙下驰，而旁不露津涯。盖西即石宝之麓，东乃北绕之峰，骈夹止容一水，而下嵌上逼，极幽异之势。循东崖南行三里，夹壁稍开，有石梁西度，立梁上四眺，尚不见寺托何处。梁南两崖，溯水而上，已无纤径，而桥东有路，南逾东峰，则沙溪之道也。度桥西半里，西壁稍开，中坠一坑，甚峻，有巨阁当其口，已倾圮不蔽风雨，而坑中亦无入路，惟仰见其上盘崖层叠，云回嶂拥，如芙蓉十二楼，令人目眩心骇。路循坑右盘崖磴曲折上，一里余而入石宝寺山门。

门殿三四层，俱东向，荒落不整，僧道亦寂寥；然石阶殿址，固自雄也。

余停行李于后殿之右，一老僧栖其后，初不延纳。余不顾，即从殿北盘左腋，穷北岩二重，复下，从殿南盘右腋穷北岩一重，再下，则老僧已炊黄粱相待。时已下午，复从右腋上玉皇阁，穷塔顶，既暮始下。盖后殿正嵌崖脚，其层亘之崖，重重上盘，而路各从两旁腋间，分道横披而入，其前既悬削，不能直上，而上亦中断，不能交通，故殿后第一层分嵌三窍，北窍二重，路从北腋转，南窍一重，路从南腋转，俱回临殿上，而中间不通。其上又环为第二层，殿后仰瞻不见也。路又从玉皇阁北转，即凭临第一层之上，从突崖北陟，蹑北支西上三里余，凌后峰之顶。顶颇平，西半里，有白塔当坪间，又中洼为土塘者二而无水。洼之南，皆石坡外突，平庋如塘堰，而石面有纹如龙鳞，有小洼嵌其上，皆浅而有水。其顶即西并大峰，其峰横列上耸，西拥如屏，欲蹑其上，路绝日暮而止。僧言其上有天成石像，并不竭石池，余所睹颇不一，亦少就雕刻，不辩孰为天成也。

十七日　由石宝饭而下山。二里，度桥东上，即转东南，二里，东逾其脊，乃转而南行。渐下，转而西南，三里，又转而东，一里，循山南转。其地马缨盛开，十余小朵簇成一丛，殷红夺目，与山茶同艳。二里，过一南度之脊，里余，越岭而南，始望见沙溪之坞，辟于东麓。所陟之峰，与东界大山相持而南，中夹大坞，而剑湖之流，合驼强江出峡贯于川中，所谓沙溪也。其坞东西阔五六里，南北不下五十里，所出米谷甚盛，剑川州皆来取足焉。从岭南行又二里，峰头石忽涌起，如狮如象，高者成崖，卑者为级，穿门蹈瓣，觉其有异，而不知其即钟山也。去而后知之，欲

104

再返观，已无及矣。又一里，遂东南下，三里及其麓。从田塍间东南行，二里，得一大村，曰沙腿。遇一僧，即石宝山之主僧也，欲留余还观钟山，且言："从此西四十里，过蕨食坪，即通杨村、兰州，由兰州出五盐井，径从云龙抵永昌，甚便。"余将从之，以浪穹何巢阿未晤，且欲一观大理，更闻此地东去即观音山，为鹤庆、大理通道，若舍此而西，即多未了之愿。[1]

这段文字细致描述了徐霞客游历石宝山的路线和沿途的风光，对石宝山险峻的地貌特点写得尤为细致。一路行来，徐霞客途经石宝道、沙溪道，入石宝寺。在石宝寺，住寺老僧延纳徐霞客，炊黄粱相待。后徐霞客又从玉皇阁北转，远眺白塔。由于天时已晚，徐霞客未能登山近观石窟造像。之后，徐霞客又途经沙溪坞和石钟山。

清代大错和尚撰写的《石宝山图记》详述了明末清初金吾总兵段旺的生平经历及其出资修建佛顶寺（慈云寺）的经过，表达了对段旺的赞颂之情。文为：

山水之在天地间，其奇险幽异，岂但人耳目所不能逮，及山经水志以及古今名人游览搜考，记、论、题、赏亦有所不能穷也。而大约山水不能自传，必待人而存；如夷齐于首阳，王尊、王阳于九折，桐江以严子陵，辋川以王摩诘，眉山以苏氏，无不然者。夫四海内外之山水，宁不亿万倍于斯乎，而不遇名人、奇士、忠

①　（明）徐弘祖著，朱惠荣等译注：《徐霞客游记全译》（四），贵阳：贵州人民出版社，1994年，第2100—2103页。

臣、孝子一边历而品题焉，纵险万状，灵奇绝世，亦徒与日精月光、凄风怒云相摩历于幽遐荒昧之道，即或有山樵野老一过其间，惊骇其灵异，亦不能传以歌咏，勒碑碣，以故终不登于文籍记传之间，以流述于无穷，岂非山水之遭亦有幸不幸哉。余恒闻滇西剑川有石宝山，纡回绵亘盖数十里，其间峰峦奇变，洞壑幽邃，以及泉石之灵秀，深林古木葱郁茂美，盖不可以语言穷也。见愚段公爱其胜，游览吟赏，辟其荒芜，疏其滞湮，奥者启之，旷者位之，深奇而险绝者，梯摄而构造之，天工绝处，补以人巧。于是有庵、有寺、有阁、有院、有亭、有桥、有台、有树，而溪、泉、竹、树、洞、壑、峰、岫之胜，无不收览而标著，不但山水无遗美，而布置点缀，亦且令崖壑改观，峰峦换势，公又于山之最佳处，为先恭节构一祠，岁时俎豆，必亲致焉，恭节先生于熹宗初年，令蜀之巴县，时蔺酋反渝州，执先生，胁之降，先生骂贼而死，天子闻其烈，嗟叹动色，赐谥恭节。威宗朝，见愚公赵阙，任金五，细陈先生节烈，乃敕建昭忠祠于剑川城内，士民春秋享祭，仰止无穷矣。而公复祠于石宝山者，岂不以节烈之气，当与佳山水并峙于天地之间也。余往日巡方川东，考蔺酋之事，盖当天启辛酉，奉援辽之调，拥兵至渝州待发，一日犒师武场，变起仓促，自抚军以下，官吏无不被执，而先生独激怒骂，遂齿锋刃，一时刚烈之气，早褫叛夷之魂，而壮忠义之色矣。从来忠臣、孝子、贞夫、烈士皆禀山水刚毅之气而生，即其死也仍复骑箕尾、感日星，而与罡风灏气流行于天地之间，然则先生之精魄，其或怒而为雷，凛而为霜耶，又或舒而为虹，散而为霓耶，不可知也。其或升而为日，恒而为月，嘘而为云，降而为雨耶，不可知也。又或峙而为山，流而为川，结而为石，涌而为泉，变现为珠玉珍奇，光怪陆离耶，总不可知也。又安知宇宙间贞夫烈女之气节，壮士义民之刚决，非先生之兴起耶，又安知古今来文章史传之褒钺，途歌里咏之讽刺，非先生之感发激扬耶？又安知人心之所以不死，世界之所以常存，非先生之提醒而维持耶？然则先生之英气，正如水之在地，无往非是，不必掘地得泉而曰；水青在是也，又何有于石宝是山也哉。余读国史，得先生事而仰其高风，以为恨不及见其人也，及奉命巡方，至先生死节之地，又徘徊凭吊，唏嘘感叹！慕想其节，概以自磨砺，私淑诸人而惟恐其或关之也，则先生忠烈之气，其直起余小子已！如是，正不必披石宝山图，指点其祠宇而始神往矣。而况今日者，尚及先生之令嗣，详悉其生平，不啻亲炙有道之光，继观而并阅历其衣冠神游之地，纵观山水之图，评题缔构之美，将见山水之灵异，莫非忠义之气所凝结而磅礴，万世而下，石宝一山，流传于史书志传之间，且上与首阳诸山并垂不朽。然则山水传人乎，人传山水乎，石宝其何幸焉，余因之而又有感矣。从来忠臣义士，其身固能自传于不朽，不必有待于后嗣，而考读古今史传，忠孝之后，克绍先美而不陨厥声者，盖亦寥寥焉。见愚公修石宝以祠先生，而又体母夫人之意，建慈云寺于山巅，以广锡类之仁，不诚忠孝一门，先后继美也哉。《易》曰：致命遂志，先生是也。《诗》云：永言孝思，孝思惟则。见愚公之谓欲。①

大错和尚是江苏丹徒人，明末出家。在顺治末年至鸡足山住

① 转引自杨延福：《剑川石宝山考释》，昆明：云南民族出版社，1999年，第149—150页。

片云居，撰《鸡足山志》。此图记为大错和尚在康熙二年（1663）撰写。文中所提的山图和图记原存于慈云寺，后因寺毁，山图和图记亦毁。

另外，清雍正年间，剑川州知州高为阜为宝相寺住持肇源撰写《募修宝相寺引》。民国二年，沙溪的信众捐资重建石钟寺，贡生何士贤撰《重修石钟寺募引》。民国十一年，剑川学者赵藩为海云居住持梁占先居士撰写《石宝山海云居募引》等三文。

第二章　剑川石窟文献与佛教文化

　　剑川石窟产生于南诏、大理国时期，至今已存在了一千余年。剑川石窟是南诏、大理国时期白族佛教文化盛行的产物，南诏、大理国造就了白族佛教文化上的"石窟时代"。元明清时期，剑川石窟不断修缮，成为人们游玩、观想、祈福的地方，剑川石窟进入"观礼时期"。

第一节　唐代《大周故河东州刺史之碑》
与佛教文化的传播

汉代佛教已经开始在大理地区传播。明代陈鼎《滇游记》载："鸡足山……佛大弟子摩诃迦叶乘释迦衣钵入定于此，候慈氏佛下生乃涅槃。逢岁朔，四方缟素进香，自汉迄今不绝。"[①] 这里记载了大理境内的鸡足山是摩诃迦叶传布佛教之地，来自四面八方的信众在此进香。唐代佛教文化的传播在大理掀起热潮，从皇宫到民间，佛教信众遍布。《道宣律师感通录》和《法苑珠林》这两部书记载唐代麟德元年（664）之前，西洱河地区已经有佛寺佛像，然而书中并未言建造了哪些佛寺，塑造了什么佛像。

立于公元689年的《大周故河东州刺史之碑》是迄今为止大理地区发现最早的一通佛教造像碑，这为我们寻找佛教造像文化在大理的传播提供了线索。

《大周故河东州刺史之碑》为墓碑，碑主为王仁求。考察碑文可知，王仁求乃掌管河东州军政之大员。碑文叙述了王仁求一生的行状，为王仁求述职、述德和述功，最后对葬仪进行了交代。如碑文所言，王仁求担任过多种官职，"出身使持节河东州诸军事、河东州刺史、加上护军"。[②] 其中"持节"为军中拥有诛杀中

---

① 陈鼎:《滇游记》"鸡足山"条,《丛书集成新编》第九十四册,台北:新文丰出版社,1996年,第553页。

② 杨世钰主编:《大理丛书·金石篇》(10),北京:中国社会科学出版社,1993年,第2页。

级以下官吏权力者，"刺史"为受皇帝钦命检举不法的官员，"上护军"是唐朝各卫置的上将军，位在大将军之上，受天子直接指挥，品级从一品，设王府。而"河东州"指今大理市凤仪镇，洱海东乡村一带。可见王仁求作为河东州一方之长，拥有的权力可谓集唐代节度使兼刺史为一体，地位尊贵显赫。

在古代葬仪中，墓碑形制和尺寸显示了墓主的身份。《大周故河东州刺史之碑》碑高 320 厘米，宽 116 厘米，厚 250 厘米，形制庞大。[①] 碑额为半月形，龟趺高约 100 厘米。碑额正、背面都无文字，碑额弧背上，浮雕三条龙身，两月角侧各雕三个龙头，计两角共有六个龙头，是有首有身无尾的六条龙像拱桥形跨在碑额顶。[②] "在碑的所有不同形制中，最为威严的一种是螭首龟趺，仅为高层官员所用。"[③] 碑主王仁求乃一方之高层官员，因此其墓碑碑额以龙纹装饰与基座为龟趺的特点正与其身份吻合。

《大周故河东州刺史之碑》碑像中尤其引人注目的是龙的造型。龙在中国古代被视为四灵之一。中国古代文献中有不少关于四灵（四象）——青（苍）龙、白虎、朱雀（鸟）、玄武的记载，它们象征宇宙、表示方位。《后汉书》载："览天地之幽奥兮，统万物之维纲；究阴阳之变化兮，昭五德之精光。跃青龙于沧海兮，豢白虎于金山；凿岩石而为室兮，托高阳以养仙。神雀翔于鸿崖

---

① 杨世钰主编：《大理丛书·金石篇》（1），北京：中国社会科学出版社，1993 年，第 6 页。该碑的厚度数据引自杨延福：《南诏大理白族史论集》，昆明：云南民族出版社，2004 年，第 229 页。

② 杨延福：《南诏大理白族史论集》，昆明：云南民族出版社，2004 年，第 229 页。

③ 王静芬：《中国石碑——一种象征形式在佛教传入之前与之后的运用》，北京：商务印书馆，2011 年，第 51 页。

兮，玄武潜于婴冥；伏朱楼而四望兮，采三秀之华英。"①四灵形象与墓葬的结合可追溯到仰韶文化时期。仰韶文化时期的濮阳西水坡遗址中出现了四灵中的龙和虎作为天象的最早形态。在其45号墓用蚌壳摆放的龙和虎，虽然尚不完备，仅有东西二宫，但已与天象结合，成为四灵与墓葬结合的实例。此后这种结合在墓葬文化中屡见不鲜。在秦都咸阳第1号宫殿建筑遗址出土了苍龙纹和朱雀纹的空心砖。汉代人则在画像石、墓壁画、帛画、铜镜、瓦当、印章上饰四灵的图案。汉晋人把四灵刻画在墓碑，用四灵形象代表宇宙天空，意味墓主躺在棺内就像生活在另一个世界的天空之下。而立于墓穴之外的碑，在秦汉时期也以龙雕饰。"龙是中国传说中最古老的神话动物之一，到秦汉时发展成为君主权力的一个象征。龙具有难以捉摸并能自由转化的力量，代表着君主适应和控制变化的能力。君权的象征物，例如圭形笏板和装饰汉碑的龙，涉及物体和统治权概念的联系，及其作为身份标志的功能。"②

回溯白族的墓葬文化，距今约2400年的云南祥云大波那出土的铜棺上刻饰有鱼鹰、燕、虎、豹、鹿、马以及三角形图案③，可知人们已经使用形象的图案来装饰。现存最早的一通白族碑刻东汉永寿三年（157）的《孟孝琚碑》碑额左刻青龙,右刻白虎。④

① 《后汉书》卷五十八下，文渊阁《四库全书》电子版，上海：上海人民出版社、迪志文化出版有限公司，1999年。

② 王静芬：《中国石碑——一种象征形式在佛教传入之前与之后的运用》，北京：商务印书馆，2011年，第50—51页。

③ 李昆声：《云南艺术史》，昆明：云南教育出版社，1995年，第59页。

④ 杨世钰主编：《大理丛书·金石篇》(1)，北京：中国社会科学出版社，1993年，第1页。

刘宋大明二年（458）的《爨龙颜碑》，碑额上部浮雕青龙、白虎和朱雀，下部有穿刻，其左右刻日、月，日中有三足金乌，月中有蟾蜍。[①] 可推知，《大周故河东州刺史之碑》承继了白族以龙造像缘饰墓碑（穴）的传统，这与汉代墓葬风格极为相似。

除了有龙造像之外，《大周故河东州刺史之碑》碑像最特殊的地方是雕造了佛造像。"碑额正面当心雕一佛龛，龛缘作莲花瓣式，内为拱龛洞，整个佛龛高50厘米，宽40厘米，深亦40厘米。龛内雕二躯佛像，结跏趺坐于须弥座的莲台上，左释迦，右多宝佛，须弥座间雕一座七宝塔。额面左、右部是龙手各支下撑，上部作两龙各一足伸出，交爪而两足成人字形于佛龛上面，并龛左、右从龙身上至佛龛旁，雕为二道S形各一凸宽条（龙尾）。额背面龙的手足姿态也同正面相似，而这面是没有雕S形的两道凸宽条（龙尾），中心是雕为云形图案，雕刻手法精细与古雅。"[②]

对照《大周故河东州刺史之碑》的佛造像可见，碑额凹进的龛内雕释迦和多宝佛二躯佛像，均为结跏趺坐于须弥座的莲台上的造型，在两须弥座间还雕一座七宝塔。这一造型是以形象的方式再现了《法华经》中所载的释迦、多宝二佛并坐说法像的故事，显示了诸佛为成就度化众生之大事而示现于世间的场面。"佛教造像碑的碑身在凹进的龛中雕刻佛像——这是从石窟造像演化而来。碑阳雕凿单个佛龛的造像碑称为'单龛像碑'。像石窟寺（或寺庙中）礼拜的雕像组合一样，龛内造像或是一身佛，或由一铺三身

①　杨世钰主编：《大理丛书·金石篇》（1），北京：中国社会科学出版社，1993年，第4页。

②　杨延福：《南诏大理白族史论集》，昆明：云南民族出版社，2004年，第229页。

组成，即释迦牟尼佛及二菩萨或二弟子。成对的陪衬造像——飞天、天王和狮子——伴随着主尊，以香或其他物品供养。"①《大周故河东州刺史之碑》的造像混合了中国传统丧葬和佛教的内容，这样的形制，说明外来的佛教文化在地方的丧葬仪式中被接受，释迦、多宝二佛成为能为死者灵魂带来安宁的神灵。

综上所言，《大周故河东州刺史之碑》的碑像中，龙造像突出了碑主非同寻常的政治身份，而龙和佛造像的结合，则说明佛成为为死者灵魂带来安宁的神灵，体现了佛教与白族丧葬习俗之间的融合。《大周故河东州刺史之碑》独特的碑像特点，是时代和文化的产物，成为白族墓葬文化的分水岭。

---

① 王静芬:《中国石碑——一种象征形式在佛教传入之前与之后的运用》,北京:商务印书馆,2011年,第108页。

第二节　剑川石窟文献与南诏时期的佛教文化

剑川石窟是南诏、大理国时期佛教与当地文化融合发展的结晶。综观剑川石窟139躯造像，其设计极为独特，"无论从题材内容还是艺术风格，都具有浓郁的地方特色，也是研究云南文化不可缺少的重要组成部分。"[①] 从这些造像的空间布局而言，以石钟山为中心方圆3平方公里的石钟寺、狮子关和沙登箐三个区域分布着，第1号窟"南诏第六代国王异牟寻议政图"、第2号窟"南诏第五代国王阁罗凤出巡图"、第3号窟"地藏王菩萨"、第4号窟"华严三圣"、第5号窟《维摩诘经变》中"问疾品"造像、第6号窟明王堂、第7号窟甘露观音、第8号窟"阿姎白"、第9号窟南诏第一代国王细奴逻、后妃及男女从者造像、第10号窟观音化现梵僧造像、第11号窟"波斯国人"造像、第12号窟佛、菩萨造像，第13号窟阿嵯耶观音、第14号窟一佛二弟子、第15号窟毗沙门天王和第16号窟大黑天神。佛陀菩萨、南诏国帝王造像、女阴造像、波斯国人造像等看似无序混杂的分布，不是临时的安排或者是偶然的巧合，而是造像者对石钟山地势有效利用的基础上对白族佛教世俗信仰空间秩序的生动再现。

这一节将以南诏、大理国为一个前后联系的时间背景，在此

---

① 刘长久:《中国西南石窟艺术》，成都：四川人民出版社，1998年，第144页。

背景下从剑川石窟造像的空间结构透视南诏、大理国时期佛教信仰的内在秩序和架构。

一、菩萨世界与凡俗人生的两极呈现

剑川石窟的奇特之处就在于它同时雕造了佛陀菩萨与世俗凡人，并将两个对立而截然不同的体系置于同一环境之中。千载而下，无论是佛陀菩萨还是世俗凡人都接受了人们的顶礼膜拜，成为人们信仰世界中的和谐存在。

从宏观角度而言，在剑川石窟 16 个洞窟中，佛陀菩萨与世俗凡人的造像交错出现在石钟寺、狮子关和沙登箐三个不同的窟群中，其中尤以石钟寺窟群最具代表性。在石钟寺窟群第 1 至第 8 号窟中，第 1 号窟"异牟寻议政图"、第 2 号窟"阁罗凤出巡图"、第 8 号窟"阿姎白"代表了世俗世界。具体说来，第 1 号窟"异牟寻议政图"、第 2 号窟"阁罗凤出巡图"为南诏的两代君王，是凡俗社会至上权位的掌控者，亦是地域文化之象征。第 8 号窟"阿姎白"为女阴，为白族民众祈求生育和繁衍的图腾，在白族信仰世界中地位举足轻重。这 3 个龛窟造像与第 3 号窟"地藏王菩萨"、第 4 号窟"华严三圣"、第 5 号窟《维摩诘经变》中"问疾品"造像、第 6 号窟"明王堂"、第 7 号窟"甘露观音"代表的佛陀菩萨并立于龛窟中。若打破窟群的界限，从佛陀菩萨与世俗凡人两个角度对剑川石宝山 16 窟造像进行数量统计，代表世俗凡人的造像有第 1 号窟"异牟寻议政图"、第 2 号窟"阁罗凤出巡图"、第 8 号窟"阿姎白"、第 11 号窟"波斯国人"，一共 5 窟。第 3、4、5、6、7、12、14、15、16 号窟共 9 窟均为佛陀菩萨，它们分别是第 3 号窟"地藏王菩萨"、第 4 号窟"华严三圣"、第 5 号窟

《维摩诘经变》中"问疾品"造像、第6号窟"明王堂"、第7号窟"甘露观音"、第12号窟"佛(菩萨)造像"、第14号窟"一佛二弟子"、第15号窟"毗沙门天王"、第16号窟"大黑天神"。第1、2、8号窟的世俗造像与第3、4、5、6、7、12、14、15、16号窟的造像所代表的佛陀菩萨世界分属两个不同的系统,形成了剑川石窟最为鲜明的第一层次的两极对比。

在世俗造像与佛陀菩萨造像系统内部,可见两极对比的架构继续延伸。在世俗世界的造像中,第1号窟"异牟寻议政图"、第2号窟"阁罗凤出巡图"的造像主角异牟寻与阁罗凤为南诏君王,他们在南诏的发展史上有着极为重要的地位。而在这两窟的群像中,除了第2号窟"阁罗凤出巡图"中有三位侍女造像之外,其他全为男性。可见男性所代表的世俗权威与女性的弱势之间形成强烈对比。在佛陀菩萨造像的系统中,亦可见多重对比关系的存在。第3号窟"地藏王菩萨"、第4号窟"华严三圣"、第5号窟《维摩诘经变》中"问疾品"造像、第7号窟"甘露观音"、第12号窟"佛(菩萨)造像"、第14号窟"一佛二弟子"的造像有一个共同特点,这些佛陀菩萨像均慈眉善目。尤其是第5号窟维摩诘造像更是面带愁容,显现出对苦难众生的慈悲怜悯。而在第6号窟雕造的八大明王的造像是佛教中最著名的八大菩萨愤怒时的化身,分别为除盖障菩萨的化身(不动尊明王)、普贤菩萨的化身(步掷明王)、虚空藏菩萨的化身(大笑明王)、观世音菩萨的化身(马头明王)、弥勒菩萨的化身(大轮明王)、地藏菩萨的化身(无能胜明王)、金刚手菩萨的化身(降三世明王)、文殊菩萨的化身(六足尊明王)。这些明王的造型青面獠牙,手持兵器,身挂骷髅,有的呈怒吼状,显得威武而恐怖,与第3、4、5、7、12、14

号窟中的佛陀菩萨造像形成了鲜明的对比。这种布局体现了佛教扬善惩恶的双重功能，巧妙而自然地将佛教的感化力和威慑力进行集中表现。另外，第 3 号窟的地藏王菩萨为大乘佛教幽冥地狱的总管。第 4 号窟的造像为华严三圣。中间坐者为释迦佛的"法身佛"，在梵文中又被称为毗卢遮那佛，汉译为"大日""光明遍照"，也被称为大日如来，被认为是宇宙万物的开创者。在大日如来的两边分别为普贤菩萨和文殊菩萨。普贤主一切诸佛的理德、行德，与文殊的智德、证德相对。可以看出，这种两级对比的思路延伸到石窟的内部。

二、南诏历史的自我体认

石钟寺的第 1 窟为"异牟寻议政图"，第 2 窟为"阁罗凤出巡图"。回溯南诏发展史，"蒙氏五世阁罗凤，唐玄宗天宝八载立，遣中使黎敬义持节册封阁罗凤为云南王。"[1]"阁罗凤死，寿七十一，伪谥神武王。长子凤迦异未嗣而死，孙异牟寻立，伪追赠凤伽异为悼惠王。蒙氏六世异牟寻，唐代宗大历十四年立，吐蕃册为日东王，改元见龙。"[2]剑川石窟中阁罗凤和异牟寻的造像突出了二位国君的政治身份。比较二窟，可见差异。

一是，从二窟所占的空间及人物造像的数量可以看出，第 2 号窟"阁罗凤出巡图"规模比第 1 号窟"异牟寻议政图"规模更加宏大，昭示了两位君王不同的历史地位。

---

[1] （明）诸葛元声撰，刘亚朝校点：《滇史》，潞西：德宏出版社，1994 年，第 136 页。

[2] （明）诸葛元声撰，刘亚朝校点：《滇史》，潞西：德宏出版社，1994 年，第 146 页。

石钟寺区第 2 号南诏第五世王阁罗凤议政图,该号为佛殿窟,高 1.95 米,宽 1.53 米,深 0.70 米,窟檐刻为三重,分别刻有花纹和连珠纹,檐下垂帷幔呈现人字形,窟门边刻有连珠纹。底座为长方形低坛,其上刻像 16 躯。[①]

石钟寺区第 1 号南诏第六世王异牟寻议政图,该号为佛殿窟,高 1.68 米,宽 1.66 米,深 0.40 米,窟檐刻为三重,均有纹饰图案,窟门边刻有连珠纹,顶左右为圆角。底座为长方形低坛,上刻 9 像。[②]

从造像大小、数量和洞窟规模的数据比较可见,第 2 号窟"阁罗凤出巡图"较为宏大,更加凸显了王者气派。相比之下,第 1 号窟"异牟寻议政图"则显得简洁。对照南诏历史可知,这两位君王前后相继,在南诏历史的发展中作出重要贡献。公元 765 年阁罗凤"坐南面以称孤,统东偏而作主"[③],宣告以白族为主体建立的南诏政权独立,终结了南诏与唐朝的羁縻关系,南诏与唐朝、吐蕃三足鼎立的格局形成。阁罗凤为政以德,于公元 766 年将《南诏德化碑》立于皇都太和城门,以"德化"名碑,标举"德化"治世理念。在统治期间,阁罗凤为君正己、修文习武、亲仁善邻,百姓深受教化熏陶,南诏社会稳步发展。"虽然他面临极

---

① 刘长久:《中国西南石窟艺术》,成都:四川人民出版社,1998 年,第 171 页。

② 刘长久:《中国西南石窟艺术》,成都:四川人民出版社,1998 年,第 172 页。

③ 《南诏德化碑》,杨世钰主编:《大理丛书·金石篇》(10),北京:中国社会科学出版社,1993 年,第 4 页。

为困难的选择，而他对此作出的反应是令人钦佩的。他讲求实效而又果敢决断。他可以说是南诏历史上最为英雄的人物。"[1]异牟寻为阁罗凤之孙，21岁继位，执政29年，建立了不朽功勋：第一，推进了南诏社会经济、政治、军事、文化等方面的稳步发展；第二，与唐朝"苍山会盟"，使得天宝战争后南诏与唐朝邦交关系正常化，揭开了双方关系的新纪元。在剑川石窟中，"阁罗凤出巡图"彰显了阁罗凤实现南诏立国并开疆拓土之功绩，"异牟寻议政图"则突出了异牟寻作为阁罗凤的后继者对南诏的发展壮大之功。

二是，透过人物造像设计的对比，可见阁罗凤、异牟寻执政时期南诏不同的文化发展状态。第2号窟"阁罗凤出巡图"的造像为：

王者右侧刻阁陂和尚，头部已残损，身着袈裟，右手作禅定印，左手当胸持一串念珠，端坐于椅上。身后右侧刻一站立侍者持曲柄伞遮于阁陂和尚头上。身后左侧刻站立二武士各执一旗，均身着甲胄，再左侧刻一女侍双手持遮牌（即长柄大扇）。其前刻二羽仪长双手握长剑而立。王者左侧近前刻二羽仪长双手握长剑而立（最前者头和右手残）。其后刻一女侍双手持遮牌。再左侧刻三武士各双手执旗，均身着甲胄，头饰有椎髻者、兜鍪者、山形冠者。窟左右两侧壁刻清平官（相当于唐王朝之宰相）袖手，垂腿而坐于椅上，均身着宽袖长袍，头部均已毁。[2]

---

① （美）查尔斯·巴克斯著，林超民译：《南诏国与唐代的西南边疆》，昆明：云南人民出版社，1988年，第78页。
② 刘长久：《中国西南石窟艺术》，成都：四川人民出版社，1998年，第171—172页。

首先，阁罗凤右侧端坐阁陂和尚的造像反映了南诏政权对佛教文化的接纳情况。这与《南诏德化碑》载"列尊叙卑，位分九等。阐三教，宾四门"[①]南诏立国后对儒释道三教采取兼容态度相应。其次，阁陂和尚后的侍从持极富吐蕃特点的曲柄伞，为阁罗凤执政时期与吐蕃交往的见证。天宝战争中，阁罗凤曾与吐蕃联合大败唐军。《南诏德化碑》载："即差首领杨利□等于浪穹参吐蕃御史论若赞。御史通变察情，分师入救。……既而合谋曰：小能胜大祸之胎，亲仁善邻国之宝。遂遣男铎传旧、大酋望赵佺邓、杨传磨伜及子弟六十人，赍重帛珍宝等物，西朝献凯。属赞普仁明，重酬我勋效。遂命宰相倚祥叶乐持金冠、锦袍、金宝带、金帐床、安杠伞、鞍银兽及器皿、珂贝、珠毯、衣服、驰马、牛鞍等，赐为兄弟之国。天宝十一载正月一日，于邓川册诏为赞普钟南国大诏。授长男凤迦异大瑟瑟告身、都知兵马大将。凡在官僚，宠幸咸被。山河约誓，永固维城。改年为赞普钟元年。"[②]战争胜利后，南诏持重帛珍宝等物向吐蕃献捷。吐蕃回赠金银、锦袍等物，其中就有"安杠伞"即"曲柄伞"。再次，阁罗凤身边的官员造像中，手持红藤杖的清平官造像较为独特。

王者右侧前面刻一羽仪长，头饰椎髻，右手当胸握书卷，左手置腰握一长剑；其右侧刻一羽仪长，头饰椎髻，双手置胸前握一曲柄长剑而立；其后刻一武侍，头戴搭耳帽，身著戎装，右手

①　杨世钰主编：《大理丛书·金石篇》(10)，北京：中国社会科学出版社，1993年，第4页。
②　杨世钰主编：《大理丛书·金石篇》(10)，北京：中国社会科学出版社，1993年，第4页。

同时握一长柄扇和一长柄麈尾，左手微屈前伸持一长颈瓶。王者左侧前刻一侍者，头戴帷帽，双手捧一盒；其后刻一清平官，头饰椎髻，身背斗笠，右手持长赤藤杖，左手下垂握汗巾。窟左右两侧壁各刻一清平官，均头戴短翘高幞头，身著圆领宽袖长袍，袖手端坐于椅上。[1]

据考证，第 2 号窟"阁罗凤出巡图"中"左右对坐之清平官为异牟寻最敬重者，一为郑回，另一为尹仇宽（又作尹求宽）"。[2]《蛮书》载："清平官六人，每日与南诏参议境内大事。其中推量一人为内算官，凡有文书，便代南诏王判押处置。有副两员同勾当。又外算官两人，或清平官或大军将兼领之。六曹公事文书成，合行下者，一切是外算官，与本曹出文牒行下，亦无商量裁制。"[3]可知清平官在南诏政权中身担重任，为君主的左膀右臂。

"异牟寻议政图"中呈现的参与议政官员的造像和布局反映了南诏政权中，南诏王为最高权威，其下设清平官六人，又设大军将若干的政体格局，可谓文武兼备。第 1 号窟中手持红藤杖的清平官缺乏确考。在唐代诗人白居易的《蛮子朝》中，红藤杖成为南诏使团重要标志。诗言：

蛮子朝，泛皮船兮渡绳桥，来自嶲州道路遥。

①　刘长久：《中国西南石窟艺术》，成都：四川人民出版社，1998 年，第 172 页。

②　刘长久：《中国西南石窟艺术》，成都：四川人民出版社，1998 年，第 173 页。

③　（唐）樊绰著，赵吕甫校释：《云南志校释》，北京：中国社会科学出版社，1985 年，第 306—307 页。

入界先经蜀川过，蜀将收功先表贺。

臣闻云南六诏蛮，东连牂牁西连蕃。

六诏星居初琐碎，合为一诏渐强大。

开元皇帝虽圣神，唯蛮倔强不来宾。

鲜于仲通六万卒，征蛮一阵全军没；

至今西洱河岸边，箭孔刀痕满枯骨。

谁知今日慕华风，不劳一人蛮自通。

诚由陛下休明德，亦赖微臣诱谕功。

德宗省表知如此，笑令中使迎蛮子。

蛮子导从者谁何？摩挲俗羽双隈伽；

清平官持赤藤杖，大将军系金呿嵯。

异牟寻男寻阁劝，特敕召对延英殿。

上心贵在怀远蛮，引临玉座近天颜。

冕旒不垂亲劳倈，赐衣赐食移时对。

移时对，不可得，大臣相看有羡色。

可怜宰相拖紫佩金章，朝日唯闻对一刻！ ①

　　诗歌记述了贞元二十年（804）德宗热烈欢迎到访的南诏使团的情况。白居易诗中描述的这一盛况，发生在唐朝和南诏"苍山会盟"之后，南诏和唐朝已建立了联盟，双方成为合力抗击吐蕃的盟友。德宗亲自召见了使团的成员，并在延英殿特别召见了异牟寻的儿子寻阁劝。南诏使团享受到的隆重礼遇引得大臣们纷纷羡慕。

　　① 顾学颉校点：《白居易集》（卷一），北京：中华书局，1979 年，第70—71 页。

综上所述，通过剑川石窟造像空间布局的分析可见，南诏、大理国时期，人们选择性地吸纳了大乘佛教文化并进行了本地化的改造，将佛陀菩萨与白族历史上的帝王、"阿姎白"女阴造像并立供奉，建立了属于自己的信仰结构。剑川石窟造像空间排布吸收了佛教造像文化的同时，也结合了白族的历史和民族性。剑川石窟并非对唐代佛教石窟艺术的照搬，而是建构了属于自己的信仰体系，成为白族佛教信仰世俗化的经典表达，它为后来的观像者提供了信仰构架的范本。

第三节　剑川石窟文献与大理国时期的佛教文化

剑川石窟石钟寺的第 8 号窟"阿姎白"、狮子关的第 10 号窟"观音化梵僧"、沙登箐的第 13 窟"阿嵯耶观音造像"均为大理国时期的造像。第 8 号窟"阿姎白"造像题记时间为"盛德四年作□己亥岁次八月三日记"[①]，第 10 号窟"观音化梵僧"为"盛德四年六月七日造像"[②]，第 13 号窟"阿嵯耶观音造像"的为"大理国"[③]。第 8 号窟、第 10 号窟造像题记的时间均为"盛德四年"。"盛德"为大理国第十八代国王段智兴的年号，以 1176 年为起，1180 年为止。第 13 号窟的时间较为笼统，只标明为大理国。这一节以这三窟的造像为线索探索剑川石窟与大理国佛教文化的关系。

一、大理国的佛教文化

南诏、大理国时期佛教文化兴盛。大理国佛教在承袭南诏佛教的基础上形成了自身的特点。

大理国的多位君主崇信佛教。段思平作为开国之君，大力推

---

①　杨延福：《剑川石宝山考释》，昆明：云南民族出版社，1999 年，第 82 页。

②　杨延福：《剑川石宝山考释》，昆明：云南民族出版社，1999 年，第 86 页。

③　杨延福：《剑川石宝山考释》，昆明：云南民族出版社，1999 年，第 90 页。

行佛教。《南诏野史》载:"帝好佛,岁岁建寺,铸佛万尊。"① 佛教与皇权紧密结合,佛教披上了国教的色彩。《南诏野史》载:"段正兴又名易长。"② 大理国第十七代国主以易长为名,而其长子名段易长生,次子名段易长兴,其女名段易长顺。"易长"是观音佛号之一,段正兴与子、女均以同一佛号为名。大理国段氏在王权的变更中多次出现君主避位为僧的例子。如:

　　段氏八世素隆,以宋真宗乾兴元年壬戌岁立。癸亥,改元明通。阿统之废也,素廉之妻抚统子素真。素真幼警敏,识人意表。阿统幽死,祖母怜素真不得立,使人让高相。高相不得已,劝素隆避之。素隆立五年矣,亦无失德,丙寅,避位为僧,传位于素真。③

　　乙卯,思廉在位三十一年,避位为僧,禅位于子连义。④

　　段氏十三世正明,宋神宗元丰五年壬戌立,改元保定。癸亥,改元建安;辛未,改元天佑。凡在位十二年。性谨恪,尚俭素。甲戌,避位为僧。⑤

————————

　　① (明)杨慎编辑,(清)胡蔚订正:《南诏野史》(罗振常藏本二卷),杨世钰、赵寅松主编:《大理丛书·史籍篇》(卷三),昆明:云南民族出版社,2008年,第217页。

　　② 同①,第231页。

　　③ (明)诸葛元声撰,刘亚朝校点:《滇史》,潞西:德宏民族出版社,1994年,第221页。

　　④ (明)诸葛元声撰,刘亚朝校点:《滇史》,潞西:德宏民族出版社,1994年,第224页。

　　⑤ (明)诸葛元声撰,刘亚朝校点:《滇史》,潞西:德宏民族出版社,1994年,第225—226页。

丁丑，正淳改元文安。在位十三年，避位为僧，传子正严。①

戊午，正严又改元广运。丁卯，避位为僧，凡在位四十年。后卒，伪谥宪宗宣仁皇帝，传子正兴。②

由上可见，段素隆避位，传段素真；段思廉让位于其子段连义；段正明亦避位为僧；段正淳避位，传子正严；段正严避位为僧，传子正兴。纵观大理国段氏皇位二十二传，其中有八人避位为僧。不仅如此，以高氏为代表的白族大姓也积极推进佛教的发展。高氏家族中有不少子弟笃信佛教，如高量成之子皎渊在二十岁时出家③，高量成的侄子高逾城光亦是"恨不手布黄金，幸齐肩于善施；日用留心白马，庶接武于汉明"④。在滇中姚州，高氏重建的佛寺有广严寺、兴宝寺、妙山寺，这些都是当地十分著名的宝刹。⑤

郭松年《大理行记》载："师僧有妻子，然往往读儒书，段氏而上有国家者设科选士，皆出此辈。"⑥可见，朝廷官员从僧儒中

———————

① （明）诸葛元声撰，刘亚朝校点：《滇史》，潞西：德宏民族出版社，1994年，第227页。

② （明）诸葛元声撰，刘亚朝校点：《滇史》，潞西：德宏民族出版社，1994年，第230页。

③ 《大理国渊公塔之碑铭并序》，杨世钰主编：《大理丛书·金石篇》（10），北京：中国社会科学出版社，1993年，第10页。

④ 《兴宝寺德化铭并序》，杨世钰主编：《大理丛书·金石篇》（10），北京：中国社会科学出版社，1993年，第7页。

⑤ 《兴宝寺德化铭并序》《重建阳派兴宝寺续置常住记》，杨世钰主编：《大理丛书·金石篇》（10），北京：中国社会科学出版社，1993年，第7、8、9页。

⑥ （元）郭松年撰，王叔武校注：《大理行记校注》，昆明：云南民族出版社，1986年，第23页。

选拔。段氏的政治体制中亦制定了分工详细的僧官僧封制度。如《兴宝寺德化铭》撰文者杨才照为"崇圣寺粉团侍郎"[1]。"粉团侍郎"一职应为以备顾问的僧职。《地藏寺造幢记》称段进全为"大佛顶寺都知天下四部众",当为大理国僧尼总管,其被赐号"洞明儒释慈济大师"[2]。另有王本《南诏野史》言:"段氏居云南,共二十二主三百十六年,段氏有国,亦开科取士,所取悉僧道读儒书者。"[3]大理国以僧道儒为官属,可谓将其"以儒治国,以佛治心"的治世思想付诸实践的又一举措,这也使得其政治统治趋于佛教化。[4]

二、第8号窟"阿姎白"——大理国时期密宗信仰的标志

"阿姎白"为白族话的汉语译音。"'阿姎'为白族语中'姑娘'的意思。'白'是白语'掰'的记音,白族语"掰"即'开裂''裂缝'之意。'阿姎白'就是姑娘身上开裂的地方(即女性生殖器)。"[5]在第8号窟的龛楣上有"西匹乃"三个字,这三个字是白族语的汉字记音。"西"在白族语中是"死"的意思,"匹(biē)乃(néi)"在白族语中是"女性生殖器"的意思。所以"西

① 杨世钰主编:《大理丛书·金石篇》(10),北京:中国社会科学出版社,1993年,第7页。

② 段玉明:《大理国史》,昆明:云南民族出版社,2003年,第130页。

③ 李春龙审订,刘景毛等点校:《新纂云南通志》(五),昆明:云南人民出版社,2007年,第494页。

④ 朱安女:《文化视野下的白族古代碑刻研究》,成都:巴蜀书社,2012年,第84—85页。

⑤ 云南省剑川县体育文化局编:《南天瑰宝——剑川石钟山石窟》,昆明:云南美术出版社,1998年,第42页。

匹乃"指的就是死的女性生殖器。[①] 在"阿姎白"造像两旁书题有
"大开方便门，广集化生路"十个字。"大开方便门"指"顺产"
之意，后一句则指广集佛缘，今生好好修行，来世都要从这里出
来做人，不要掉到地狱的意思。白族民间崇信"阿姎白"，每年正
月和一年一度的石宝山歌会期间，青年男女都要来"阿姎白"前
跪拜祈祷求嗣，女性一般要带上香油，把它涂抹在"阿姎白"上，
祈祷生子顺利，多子多福，减少痛苦。

印度教对湿婆神威力的崇拜，进而引申出生殖力的崇拜。在
湿婆神的威力中包含了男性与女性的生殖力崇拜，而生殖一职则
由妻子担任，因而产生了崇拜湿婆之妻的一派，这便是女神的性
力崇拜。在女神的性力崇拜中破坏与温和都是女神（女性）的属
性，宇宙万物均由女神（女性）的性力而生。可以看出，人们对
"阿姎白"的尊奉体现了白族性力崇拜的思想。

三、"观音化梵僧"的双重背景

剑川石窟第 10 窟的"观音化梵僧"为段智兴时期的造像。关
于梵僧的来历，在白族民间流传着"观音服罗刹"的故事。《僰古
通纪浅述》载：

　　是时，僰国有精名罗刹者，自称曰王，食人血肉眼睛，其国
亦名罗刹国。生民蹂躏，怨气冲天。于是，观音菩萨悯诸生命，
在贞观三年己丑，自西天来，化为梵僧，道经吐蕃，至于僰国喜

---

　　① 云南省剑川县体育文化局编：《南天瑰宝——剑川石钟山石窟》，昆
明：云南民族出版社，1998 年，第 43 页。

洲城北村，主于张敬家。时张敬为罗刹国老，故就敬说罗刹以求见焉。敬说于王曰："吾家到一梵僧，自西天来，相貌慈善，动人观瞻。僧欲云游，吾不忍舍。"王闻而喜之，使敬迎僧至。王甚敬之，以人眼血肉进之。僧曰："小僧持戒，不食物命，何况人乎！"与王交谈，日夕渐去恶心，长其善念。王深信之。王曰："尔我此会，乏物可敬，深愧于心。愿师所欲，誓愿奉呈。"僧曰："别不敢欲，但乞一基以处，朝夕近王，足矣。"王曰："基要大小，吾不敢违。"僧曰："但吾袈裟所覆，吾犬四足跳而已。"王曰："师何欲之小哉？"僧曰："虽小，愿王勿悔。若有下顾之心，乞立一契。"王曰："施舍与人，何悔之有，何须立券。"僧求未已。时有十二精兵自西天来，杨波求、无言和尚、神明天子（即阿育王第三子骠信苴，是今五百神王十七明山神——原注）领天兵万人，皆助梵僧，在鸡邑村会集天神众船，入洱海之州写契。回至国中，僧以袈裟一展，遍周国界；令犬四跳，达乎四境。罗刹恍忽，悔不及矣。谓师曰："我只爱师慈善，岂料召众制我。天下岂有舍人地基，致己无所子立？"僧曰："王以此地为妙，我不以此地为佳。别有天堂胜境，请王居之。"僧以上羊溪瓮摩山洞化为金楼宝殿，白玉为阶，琉璃为池，以洱海螺蛳化为人眼睛，堆在殿内，化水为酒，化石为馔，种种美味珍馐器具全备，请罗刹入其间；余外种族，遣兵瘗之于炼火塞下，温泉涌出。时十二精兵、神明天子，遣鬼遗一大石，塞于洞门，僧与罗刹坐谈，顷刻化一蜂，自洞隙飞出。罗刹惊吐其舌。僧命铁匠炼铁水浇之，造一塔镇于洞山，其害自此殄灭。观音所化梵僧殄是害已，路指蒙舍，令蒙氏为王。①

　　这个故事描述洱海地区原来是由吃人肉、嗜人血的罗刹统治，观音化为梵僧，牵着一只狗从西天，经历古宗、宁北（剑川南部）以及蒙茨等地，后入灵应山德源城（今洱源）来到喜洲张敬家。张敬是罗刹国的重臣，他将梵僧引荐给罗刹王。梵僧与罗刹倾心交谈，获得信任。罗刹许诺可满足梵僧的愿望。梵僧向罗刹王乞求土地以修建庵室，罗刹王一口答应，并立契为证，让他自己裁定范围。梵僧将其袈裟一展，遍盖其国都，令其狗一跳东西南北，便将整个罗刹国占据，罗刹后悔。梵僧将罗刹引入到苍山上阳溪石室，为其修造了金楼玉殿，以螺为人睛，各种珍馐美味俱备，罗刹很满意，便移居于此。待罗刹进入石洞以后，梵僧将石洞封口，以宝塔镇压，从此罗刹便被关闭在此。

　　从故事来看，梵僧乃观音的世俗化身。首先，观音化作梵僧的形象，从外观上掩饰了其真实身份，消除了神与人的差异感。正如故事所言，梵僧顺利地被罗刹国的国老张敬以及罗刹王接纳。其次，梵僧入主张敬家，受其援引面见罗刹王。在与罗刹王相处中，罗刹王恶心渐去，善念渐长，对梵僧产生了信任。张敬与罗刹王对梵僧的接纳代表了罗刹国上层社会对佛教的接纳，这成为佛教在洱海地区传布的先决条件。复次，罗刹为报答梵僧传教，答应为其在罗刹国创建寺院。这预示了佛教从上层社会开始向普通民众传布，意味着佛教在洱海地区的发展已更为深入。故事中

────────────────

　　① 尤中校注：《僰古通纪浅述校注》，昆明：云南人民出版社，1988 年，第 17—18 页。

梵僧的神犬四跳，为梵僧建寺占据了罗刹国的四境，则喻指了佛教在洱海的传播覆盖全境。

故事中，观音化为梵僧并牵行一只狗的形象与第 10 号窟"观音化梵僧"的造像一致，也就是说，民间故事和剑川石窟的造像中，梵僧的形象保持着一致性。梵僧的这一外形特点与产生于南诏中兴二年（898）的《南诏国史图传》中的梵僧形象也是一致的。不同的是，在《南诏国史图传》中，梵僧是被赋予了授记细奴逻父子建国，并将佛教传入南诏的"建国观音"。在《南诏国史图传》的第一化中，梵僧与细奴逻的妻子浔弥脚、兴宗王的妻子梦讳在路途中相遇，她们施舍食物给梵僧。此后，梵僧屡次显现神通。尤其是在第四化"伤害梵僧"的故事中，梵僧手牵白犬、持杖托钵而行，来到兽赕穷石村。旁边三人着白衣，遍身棕黑，椎髻跣足，手持弓弩刀剑面僧而立。（榜题：兽赕穷石村中邑主加明王乐等三十人，偷食梵僧白犬）黑身者六人拖拽梵僧，下绘一火堆（榜题：共王乐等卅人伤害梵僧，初解支体，以此为三段后烧火中，骨盛竹筒，抛于水里）[①]这一化中，梵僧与神犬一起登场，其形象与剑川石窟第 10 号窟"观音化现梵僧"的造像、"观音服罗刹"中梵僧的形象一致。在这一化中，梵僧询问浔弥脚和梦讳有什么要求，在授记之后消失，留下了石头上的圣迹、衣服迹以及象、马、牛，等等。

《南诏国史图传》、剑川石窟、"观音伏罗刹"的传说以不同的形式述说了梵僧的故事。当我们把剑川石窟的第 10 号窟"观音化

---

① 《云南画报（特辑）》:《宋时大理国描工张胜温画梵像　南诏国史图传》,昆明:云南画报报社有限责任公司主办,2013 年。

梵僧"结合"观音服罗刹"和《南诏国史图传》两个不同的文本进行解读，则为我们理解这一形象提供了两个不同的主题。"洱海地区与观音有关的传说有两个不同的主题，一是'观音七化'，一是"观音降伏罗刹"，这两个传说分别是由两个不同时期创造出来的。早在 8 世纪时便已经有'观音七化'的故事，'南诏图卷'及其'文字部分'是目前已知最早的版本，《白古通记》内则包括了'观音七化'与'观音降伏罗刹'两部分，其中'观音七化'承袭自'南诏图卷'中梵僧七化的内容，'观音降伏罗刹'则是新出现的另一组传说。两组传说皆是与南诏建国与王室信仰佛教有关。"①

四、从阿嵯耶观音造像看南诏、大理国佛教信仰的关联性

剑川石窟第 13 号窟为"阿嵯耶观音造像"，为立像，高 70 厘米。

《南诏国史图传》演绎了"阿嵯耶"观音的由来。第六化的图像中，梵僧铸造阿嵯耶观音像。第六化图上载："化为阿嵯耶像"，第七化文字卷言："保和二年乙巳岁，有西域和尚菩立陀诃来至我京都云：'吾西域莲花部尊阿嵯耶观音从蕃国中行化至汝大封民国，如今何在？'语讫，经于七日，终于上元莲宇。我大封民始知阿嵯耶来至此也。"② 这里"蕃国"指的是西藏。第七化中，一位从"西域"来的名为"菩立陀诃"的僧人，言要寻找从吐蕃来到南诏的"西域莲华部尊阿嵯耶观音"。从西域僧人的口中道出了阿嵯耶

① 连瑞枝：《隐藏的祖先——妙香国的传说与社会》，北京：生活·读书·新知三联书店，2007 年，第 68 页。
② 《云南画报（特辑）》：《宋时大理国描工张胜温画梵像　南诏国史图传》，昆明：云南画报报社有限责任公司主办，2013 年。

为西域莲花部主尊观音的名字。此后，人们才知道之前梵僧就是这位西域僧人要找的观音。于是，国王也开始下令寻找梵僧留下的种种"圣迹"，并在这些圣迹中发现了阿嵯耶观音的神像。

剑川石窟中的"阿嵯耶"观音与《南诏国史图传》中的阿嵯耶观音形象上保持着高度的一致性，其具有的独特风格，是中国其他地方观音造像所未见的，被誉为"云南福星"。《南诏国史图传》言："至嵯耶九年丁巳岁，圣驾淋盆，乃有石门邑主罗和李忙求奏云：'自祖父已来，吾界中山上有白子影像一躯，甚有灵异，若有人取次无敬仰心到于此者，速致亡。若欲除灾禳祸，乞福求农致敬祭之，无不遂意。今于山上，人莫敢到奏讫。'"①这里，"嵯耶九年"即公元897年，"圣驾淋盆"即言圣像显化诞生，"白子"即白族男子的称呼，"白子影像"即白族男子形貌的佛像。这段话在一定程度上反映了"阿嵯耶"观音造像具有白族男子的特征，"阿嵯耶观音的脸型与现代白族人很像，反映了地方民族特色，可能此类造像出自古代白族匠师之手。"②可以说剑川石窟"阿嵯耶观音"造像沿袭了南诏时期阿嵯耶观音造像的风格，说明南诏时期"阿嵯耶观音"崇拜在大理国时期得到了继承。

大理国皇室铸造了数量不少的阿嵯耶观音铜像，现在分别藏于中国内地（9尊）、美国（11尊）、日本（2尊）、英国（1尊）。③美国圣地亚哥艺术馆藏的阿嵯耶观音铜佛像，是由大理国第十七世皇帝段正兴所铸的阿嵯耶观音，身高4.5厘米，宽6.3厘米，为

① 《云南画报（特辑）》：《宋时大理国描工张胜温画梵像 南诏国史图传》，昆明：云南画报社有限责任公司主办，2013年。
② 李昆声：《云南艺术史》，昆明：云南教育出版社，2001年，第208页。
③ 田怀清：《略论南诏、大理国时期对阿嵯耶观音的信仰》，载赵寅松主编：《白族文化研究》，昆明：云南民族出版社，2007年，第401—416页。

铜质红漆鎏金立像。其背部铸铭文，文字凸起，共43字。其开头为：

皇帝螵信段政兴资为太子段易长生、段易长兴等造记。愿禄笄尘沙：为喻保庆千春孙嗣天地标机相承万世。[①]

铭文中的"段政兴"即段正兴，1147—1172 年在位。李霖灿先生言："段正兴的儿子在这里记录了两个：一个叫段易长生，一个叫段易长兴，很显然的在正兴禅位为僧之后，就是由这个老二继位，这就是《南诏野史》上记载的伪谥宣宗功极皇帝段智兴了。"[②] 段正兴曾经将两个儿子的姓名与对阿嵯耶观音的祈愿词一起铸在阿嵯耶观音雕像背后。一方面体现了南诏大理国时期父子连名制的特色，[③] 另一方面可见阿嵯耶观音信仰对段氏的影响是极为深远的。虽然现存的阿嵯耶观音铜像不是每尊都有铭文落款，但从现存于美国圣地亚哥艺术馆藏的这一尊与其他几尊的风格来看，都是同一款式，所以阿嵯耶观音铜像的造型使我们有理由推断，它们都是同一时期的产物，表明了大理国段氏对阿嵯耶观音的崇拜。

段智兴盛德五年（1180）《宋时大理国描工张胜温画梵像》问世，原件为纸本彩绘，总长 1635.5 厘米，高 30.47 厘米。画卷上题有"盛德五年庚子"。《滇史》载："淳熙十二年，智兴奉佛，建

---

① 李霖灿：《南诏大理国新资料的综合研究》，台北故宫博物院印行，1982 年，第 26 页。

② 同上，第 27 页。

③ 同上，第 27 页。

兴宝寺（姚府西十五里），君相皆笃信佛教，延僧入内，朝夕焚咒，不理国事。"①段智兴笃信佛教，甚至出现"弃政事佛"的情况，将皇权置于次要于佛教的位置。对于这一现象，段玉明先生认为："此一情形固然可以看做是大理国后期佛教盛行的后果，但更应该看做是大理国后期段氏统治危机的后果。禅位为僧在任何时候都是帝王政治失意后的无可奈何的下场，越是具有雄才大略的君主越是如此。"②

《滇史》载段兴智"建兴宝寺"，但元亨二年的《大理国上公高踰城光再建弄栋华府阳派郡兴宝寺德化铭并序》中并未提及段智兴修建兴宝寺一事。碑载："盖此寺者，大蒙知军事布燮杨祯之所创也。年钟建极，委佐兵机，抗蜀衡蕃，惟公是倚。外则弼谐帝道，事竭于君；内则翼扇真风，心亡于法。卜兹胜地，创此精蓝，岁月已淹，痛哉圮毁。有公子高踰城光者，曾祖相国明公高泰明，祖定远将军高明清，已备国史。……恨不手布黄金，幸齐肩于善施；日用留心白马，庶接武于汉明。伤德本之未滋，痛斯蓝之煽毁。遂乃俟子来之众，鸠心竟之工。妙启新模，式仍旧贯。喜得上栋下宇，尽合大壮之宜；矢棘羣飞，崛起斯干之势。"③碑言"盖此寺者，大蒙知军事布燮杨祯之所创也"，说明杨祯为创立兴宝寺的人。之后又言公子高踰城光"痛斯蓝之煽毁"，"喜得上栋下宇，尽合大壮之宜；矢棘羣飞，崛起斯干之势"，可知高踰城光对已经损毁的兴宝

　　① （明）诸葛元声撰，刘亚朝校点：《滇史》，潞西：德宏民族出版社，1994年，231页。
　　② 段玉明：《大理国史》，昆明：云南民族出版社，2003年，第56页。
　　③ 杨世钰主编：《大理丛书·金石篇》（10），北京：中国社会科学出版社，1993年，第7—8页。

寺进行了重新修建，兴宝寺的规模得以恢复。

刊立于昔大元宣光六年丙辰孟秋上旬的《重建阳派兴宝寺续置常住记》载："郡治之西行十五里，有附庸曰阳派，有梵刹焉，曰兴宝寺。乃昔右族布燮杨祯所创，而大理上公高踰城光之所重修。今大理宣慰司同知副都督元帅高侯者，乃昔威楚演习高升藐之后。广岩寺亦当时之杰创，而不幸及宗庙煨烬于乙巳之兵火。何疾威上帝，其命之多辟耶！高侯别业世居阳派，赋性慈惠而留心佛教，尤竭力于此寺。既而创立宝坊，续置庄田，印塑经像，钟磬法具罔不毕集。晨夕熏修之僧，不减于一十七八。梵贝铃螺，祝赞国家康泰，虽干戈扰攘之际，诸郡寺院摧毁过半，而兹寺赖侯之笃信得以安全。"① 碑言"乃昔右族布燮杨祯所创，而大理上公高踰城光之所重修"，可以看出这里对兴宝寺修建历史的追述和《大理国上公高踰城光再建弄栋华府阳派郡兴宝寺德化铭并序》一致，碑文中并未言段智兴修建一事。

从《大理国上公高踰城光再建弄栋华府阳派郡兴宝寺德化铭并序》产生的时间来看，元亨二年（1186）为段智兴的年号。依据该碑的署名"皇都崇圣寺粉团侍郎赏米黄绣手披释儒才照僧录阇梨杨才照奉命撰"，"粉团侍郎"一职"当即以释儒身份以备顾问的僧职"。"大理国时期的僧封相当复杂，大体可以分为补阇梨、赐紫大师、赐金襕僧以及赐号大师四类"，"此外，还有一种荣誉赏级——赏黄绣手披"。② 可见杨才照担任僧官的身份，撰写该碑

① 杨世钰主编：《大理丛书·金石篇》（10），北京：中国社会科学出版社，1993年，第8页。

② 段玉明：《大理国史》，昆明：云南民族出版社，2003年，第130—131页。

是奉命之作。究竟奉谁之命，碑文中并未详述。但从碑名及碑文内容来看，高踰城光被称为"上公"，虽其未担任国相一职，但由于高氏家族在大理国时期历任国相，门庭显赫，高踰城光作为其中的一员，自然地位较高。所以该碑末杨才照署名为"奉命"极有可能是受高踰城光之命。与高氏家族有关的另外一通碑刻《襃州阳派县稽肃灵峰明帝记》联系，该碑刻署名为"时元亨二年敦牂岁徂暑月哉生明试郎杨才照奉命记"[1]，碑刻撰者为杨才照，同样也是"奉命"而为，但他的名号不一样。《襃州阳派县稽肃灵峰明帝记》中杨才照署明了自己在朝中的官职，而《大理国上公高踰城光再建弄栋华府阳派郡兴宝寺德化铭并序》则署明了自己的僧官身份。署名不一样的原因可能与其撰写的碑文内容有关。《大理国上公高踰城光再建弄栋华府阳派郡兴宝寺德化铭并序》叙写兴宝寺的兴衰变迁，所以署用僧官名号；而《襃州阳派县稽肃灵峰明帝记》则书写高氏发祥之地阳派灵峰地貌物候，因此用世俗名号。综合而论，可以推断两通碑刻是杨才照奉高氏之命而作。

四、观音的后代

如前所述，阿嵯耶观音是南诏、大理国王室共同崇拜的佛教偶像。对于南诏王室而言，阿嵯耶观音是国家的守护神。世隆（860—877）时期曾用黄金铸造观音像一百零八像，散于各里巷，供民间敬仰。隆舜（878—897）时期，阿嵯耶观音被奉为南诏的国家守护神。《南诏国史图传》文字卷载："于每年二月十八

---

① 杨世钰主编：《大理丛书·金石篇》（10），北京：中国社会科学出版社，1993年，第8页。

日，当大圣乞食之日，是奇王睹像之时，施麦饭而表丹诚，封玄彩而彰至敬，当此吉日，常乃祭之。"①二月十八日极为特殊，因为这一天观音化身梵僧，浔弥脚、梦讳作为蒙氏的祖先向观音奉食，喻指蒙氏与阿嵯耶观音结缘。其后，奇王、兴宗王得以亲见观音的化身，预示蒙氏一族非同一般的身份，南诏政权的建构因此笼罩上了浓厚的宗教色彩和神圣的光辉。蒙氏立国之后，以二月十八日作为祭祀观音的固定日子。对于舜化贞绘制《南诏国史图传》的原因，王明珂先生认为："这些探索、书写'根源'之活动及合本土诸传说为一之叙事，其产生之情景似乎皆为在多元分立中寻求一体之本土认同。"②《南诏图册》之图与文，表达当时南诏统治者欲建立一'本土起源'的愿望。"③从剑川石窟的第10号窟"观音化梵僧"、第13号窟"阿嵯耶观音造像"可见民间崇信观音成为传统。

第10号窟"观音化梵僧"造像题记为："施主工匠金榜杨天王秀扔"。④由于对题记的断句理解不同，对雕造者有不同的理解：一是施主为王金榜，"工匠"表明他的职业，不是号。雕造者为杨秀，"天王"是其法号。二是题记语言可能有省略。"施主王工匠（王）金榜杨天王（杨）秀创。"也就是说，造像的施主为王工匠、王金榜两人，雕刻者为杨天王、杨秀两人。第13号窟"阿嵯耶观音造像"

---

① 《云南画报（特辑）》:《宋时大理国描工张胜温画梵像 南诏国史图传》，昆明：云南画报报社有限责任公司主办，2013年。

② 王明珂:《英雄祖先与弟兄民族》，北京：中华书局，2009年，第129页。

③ 王明珂:《英雄祖先与弟兄民族》，北京：中华书局，2009年，第128页。王明珂先生此处所言的"《南诏图册》"即《南诏国史图传》。

④ 杨延福:《剑川石宝山考释》，昆明：云南民族出版社，1999年，第86页。

题记的录文为："大理国造像施主药师祥妇人观音好爱□媳□□等敬雕。"① 这段题记由于文字阙失，影响了对内容的理解，但从存在的文字来看可以判断，造像者中有女性。可见，大理国时期阿嵯耶观音的造像者应为民间人士，与南诏时期皇室制造阿嵯耶观音像的情形大不相同，而阿嵯耶观音信仰走向民间这一点还可从民间的碑刻中找到印证。

大理国时期《大理国渊公塔之碑铭并序》载："自观音传于施氏，施氏传于道悟国师，道悟传于玄凝，玄凝传于公。公之族子有慧辩，追踪景行，唯嗅苍蕾而尝醍醐者，公器之，因传焉。"② 从这段追述中可见，观音传法于施氏，其后代代相继，信奉佛教。《陈氏墓碑铭并序》载："圆护和尚……其子孙世为金师……英贤君子，儒学之徒，悉集其府，商榷论议，以制国法，正风俗而理纲纪，别族类而定（上阙）美□，为观音第二化。"③ 在这通碑文，陈氏记述自己的祖先为观音第二化，追认自己是观音的后代。

① 杨延福：《剑川石宝山考释》，昆明：云南民族出版社，1999 年，第 90 页。

② 杨世钰主编：《大理丛书·金石篇》（10），北京：中国社会科学出版社，1993 年，第 11 页。

③ 杨世钰主编：《大理丛书·金石篇》（10），北京：中国社会科学出版社，1993 年，第 12 页。

第四节　剑川石窟文献与元代的佛教文化

剑川石窟元代文献有以下两个特点：一是，无造像。也就是说，元代剑川石窟并未新增任何造像。二是，从文字文献的留存来看，仅存游人题记 11 则，在类型上显得单一。这些元代的游人题记，跨时一百余年，最早一则为至元元年（1264），最晚一则为宣光三年（1373）。从文献的年份来看，至元年间的题记 5 则，延祐四年（1317）1 则，泰定元年（1324）1 则，元统二年（1334）1 则，至正年间（1347、1351）2 则，宣光三年（1373）1 则。从这些题记分布的具体位置来看，分别为第 3 号窟地藏王菩萨 1 则，第 5 号窟《维摩诘经变》"问疾品" 1 则，第 6 号窟明王堂 1 则，第 8 号窟 "阿姎白" 8 则，其中第 8 号窟游人题记最多，显示出其颇受游人关注。从题记的内容上来看（注：具体内容此处不再赘述，可参见本书第一章第一节的图表），主要记录了游历者的姓名、身份、所属地及游人到剑川石窟的活动。可以看到，这些游历者身份有异，既有平民又有官员。游历者来自保山、凤羽、鹤庆、大理等不同地区，涉及云南行省的不同地域；他们来到石窟或是游玩，或是烧香祈祷。在这些题记中，延祐四年和宣光三年这 2 则题记者的身份较为特殊，标明了题记者的官职，而这两则题记题写的位置均在第 8 号窟 "阿姎白"。

这些题记表明剑川石窟从南诏、大理国的"造像时期"进入元代的"观像时期"，人们多以"观像者"身份游历石窟。那么，元代统治者采取了什么样的宗教政策使得剑川石窟能安然留存呢？

一、征服者的宗教观

元朝在云南建立行省，宣告了大理国统治的结束，境内民族自此被纳入中央政权的管辖之中。元世祖作为开国之君，曾经两次造访大理崇圣寺。段福作为陪同人员，其作诗描述了世祖游历崇圣寺的情形。第一首名为《世祖陟玩春山纪兴》，原文如下：

时膺韶景陟兰峰，不惮跻攀谒粹容。

花色映霞祥采混，炉烟拂雾瑞光重。

雨沾琼斡严边竹，风袭琴声岭际松。

净刹玉毫瞻礼罢，回程仙驾驭苍龙。[1]

第二首为《又题扈从诗》，原文如下：

叨从万乘陟兰峰，一片青螺其梵钟。

日映丈霞祥彩偏，花明辇路景光重。

天戈肃肃参严竹，仙乐泛泛向涧松。

停看玉毫明海国，朱旗挥霍拥苍龙。[2]

崇圣寺修建于南诏时期，大理国时期为皇家寺院。作者段福乃段思平之后，元世祖驻跸大理，他两次陪同世祖游崇圣寺。这两首诗创作的时间无法确考，但从第一首诗的诗题为《世祖陟玩

---

① 方国瑜主编：《云南史料丛刊》，昆明：云南大学出版社，1998年，第667页。

② 方国瑜主编：《云南史料丛刊》，昆明：云南大学出版社，1998年，第667页。

春山纪兴》中可见，作者称忽必烈为"世祖"，此称谓是死后庙号，因此诗写于1294年之后。

对比两首诗，可知忽必烈两次游历崇圣寺有着较大的不同：一是心态不同。忽必烈第一次造访崇圣寺轻装入寺。诗言其"时膺韶景陟兰峰，不惮跻攀谒粹容"，描绘出世祖初到崇圣寺满怀新鲜之感，想一览全貌的兴奋情态。第二首诗言"叨从万乘陟兰峰"，"万乘"表明忽必烈此行随从甚众，排场宏大，场面壮观。二是所见之景有异。这两首诗对世祖游历崇圣寺所见的景致均进行了描述。前一首言"花色映霞"，后一首言"日映丈霞"，均烘托出崇圣寺祥和的氛围。同样是写崇圣寺的竹子、松树、三塔，前一首言"雨沾琼翰严边竹，风袭琴声岭际松。净刹玉毫瞻礼罢"，描绘崇圣寺竹子为雨水所洗清新欲滴，轻风拂过松树犹如琴声阵阵，三塔好似三支擎天玉笔高耸天际。后一首则言"天戈肃肃参严竹，仙乐泛泛向涧松。停看玉毫明海国"，诗言崇圣寺的竹子好比"天戈"整齐肃穆，涧边的松涛犹如奏起了仙乐，三塔则犹如玉笔高峻挺拔，渲染出忽必烈胸中"普天之下，莫非王土"的王者豪情。这与诗歌最后言"朱旗挥霍拥苍龙"形成呼应，突出忽必烈作为天子出行的威严和气魄。两首诗都反映了世祖对崇圣寺的喜爱和对佛教文化的崇敬。

忽必烈本人崇尚佛教。他在"'万机之暇，自持数珠，课诵、施食'。1261年建大乾元寺、龙光华严寺。1285年，'发诸卫军六千八百人，给护国寺修道'。他对佛事也很热心，1285年，于西京普恩寺集全国僧侣4万人举行资戒会7日，并令帝师于各大寺庙做佛事19会。1287年，命西藏僧侣在宫廷以及万寿山、五台山等地举行佛事33会。忽必烈'自有四海天下，寺院田产二税尽蠲免之，普令缁侣安心办道'。这在宋辽是没有过的。"① 这也对其后继者产生了深远影响。"如成宗大德元年（1297），建临洮寺，又在五台绝境建万寿佑国寺。大德五年（1301），'赐昭应宫、兴教寺地各百顷，兴教寺仍赐钞万五千锭；上都乾元寺地九十顷，钞皆如兴教之数；万安寺地六百顷，钞万锭；南寺地百二十顷，钞如万安之数'。这种营造大寺院和大规模赐田赐钞的风气，有元一代几乎没有中断。其结果，'凡天下人迹所到，精兰胜观，栋宇相望'。两宋以来逐渐稳定、衰退的佛教，又有了新的高涨。"② 忽必烈的后继者新修佛寺，对寺院频繁地赐钞赐田，佛教文化继续发展。

元代的统治者曾经颁布圣旨规划云南佛教的发展。昆明筇竹寺、大理崇圣寺至今还保存着元代的《昆明筇竹寺圣旨碑》和《元大崇圣寺圣旨碑》。这两道圣旨被镌刻在石碑上，使用汉语和蒙古语双语书刻。《昆明筇竹寺圣旨碑》原文为：

长寿天气力里，大福庆护助里，皇帝圣旨。军官每根底，军人每根底，城子里达鲁花赤官人每根底，来往使臣每根底，宣谕的圣旨。成吉思皇帝，月阔台皇帝，宗泽笃皇帝，曲律皇帝圣旨里。和尚也里，要赐藏经与筇竹寺里，命玄坚和尚住持本山，转阅以祝圣宁，以祈民妥，凡不拣甚么休当。告天祝寿者，么有来如今依先的圣旨体例，教甚么差发休当。告天祝寿者，么道云南鸭池城子玉案山筇竹寺主持玄坚长老为头，和尚每根底，执把大

① 杜继文：《佛教史》，南京：江苏人民出版社，2008年，第444页。
② 杜继文：《佛教史》，南京：江苏人民出版社，2008年，第445页。

藏经帙与了。圣旨宣玄坚，教修本寺里藏经殿，并寺院房舍。完了者，差发铺马一应休当者，税粮休当。但系寺院的田园、地双、人口、头匹、铺面、典谷堂不拣甚么的。是谁休夺要者，休倚气力者。更者，和尚每有圣旨，么道没体例依勾当做呵，他更不怕非甚么。[①]

圣旨。

龙儿年四月二十三日，大都有时分写来。

《元大崇圣寺圣旨碑》原文为：

长生天气力里，大福荫护助里。皇帝圣旨：军官每根底，军人每根底，管城子达鲁花赤官人每根底，来往使臣每根底，宣谕的圣旨。成吉思汗皇帝，月吉歹皇帝，薛禅皇帝，完泽笃皇帝，曲律皇帝圣旨里：和尚、也里可温、先生、不拣甚么差发休着者。告天祝寿者道来，如今依在先圣旨体例里，不拣甚么差发休着者。告天祝寿者，么道。哈剌章有的大理崇圣寺里，有的释觉性、释主通和尚每根底，执把的圣旨与了也。这的每的寺院房舍，使臣休安下者。铺马祇应休与者，税粮休与者。但属寺家的产业、园林、碾磨、店铺、席、浴房、人口、头匹，不拣甚么休夺要者。更这和尚每拟着有圣旨么道，无体例的勾当休做者。若做呵，不怕那甚么？圣旨。

猪儿年闰七月初五日，

---

① 杨世钰主编：《大理丛书·金石篇》（10），北京：中国社会科学出版社，1993年，第18页。

上都有时分写来。①

《昆明筇竹寺圣旨碑》意为：皇帝赐筇竹寺藏经，钦命玄坚和尚为住持，要求该寺围绕"祝圣宁""祈民妥"进行佛事活动，要求寺院修复藏经殿及寺院房舍。此外，圣旨明确规定寺院的田园、地双、人口、头匹、铺面、典咨堂不得受到侵占。从《元大崇圣寺圣旨碑》来看，主要对崇圣寺的僧人、寺院的权属进行规定，内容涉及免税粮，寺院产业、园林、碾磨、店铺、席、浴房、人口、头匹等器物田产的归属，明确规定他人不得抢夺。

筇竹寺地处昆明，崇圣寺地处大理，分别居于云南行省北部和西部两个区域中最为重要的中心城市，为云南行省重要的佛寺。这两篇圣旨从中央的角度对地方寺院的发展进行了具体细致的规划，表明了中央对地方宗教的重视。

二、地方对佛教世俗影响力的推进

云南地方官员积极推进佛教的发展。首先，地方官员参与寺院的修建。至元戊寅年（1278）《创建金砂山宝严寺记》，成宗大德三年（1299）的《大胜寺修造记》，延祐七年（1320）《创修圆通寺记》，至元六年（1340）《昆明筇竹寺蒙古文碑》，泰定二年（1325）《大崇圣寺碑铭并序》，至正年间的《重修大胜寺碑铭并序》，宣光五年（1375）《普光山智照兰若记》，宣光六年（1376）《重建阳派兴宝寺续置常住记》等碑记均记录了修建情况。《大胜

① 杨世钰主编：《大理丛书·金石篇》（10），北京：中国社会科学出版社，1993年，第19—20页。

寺修造记》载：

　　中庆府大胜寺者，昔段氏偏据之时，乃一道场。圣元癸丑，天兵南下，混一之后，此道场为外道夺居者数载。至元二十一年甲申岁，云南省参政段昔苴日闻奏朝廷，圣恩准奏，复归僧司。至元庚寅，前总统唆南编，与云南行中书省平章也先卜花，钦奉薛禅皇帝圣旨，创开故基建立大殿一所，塑三身化佛。大功未就，三四年间鞠为茂草。迄甲午岁，梁王镇于兹土，都总统节思朵以王师之重，掌释教之权，宣演法门，护持僧众。元贞乙未，都总统律积速南巴继来莅事，下车之初，一乃心力修葺云南诸寺，大小一千余所。特于大胜寺躬为主盟，化檀那而增工食，倾囊钵以置地双，撤旧从新。丹楹刻桷，莲座俨紫金之相，顶轮耀众宝之光。绘诸佛千百化身，图华严五十三会，二位上师善财童子咸在燠焉。专以祈我皇帝万岁皇太后梁王妃子千秋，家家享磐石之安，宗子保维城之赓，官铸岁于僧盛民□□□二师之□□况寺于阛阓之间，□□□净之境，市肆纷扰，车马骈阗，不□□□之□岑寂也。□□□□□竹清□□□知在外之有尘嚣也。□□□山林之趣，为诸山呷刹之宗。规模宏丽，虽白马□□□□□□□□青龙亦不过尔。为人天之敬仰，□□夏之观瞻，将见二师之名与□□□□□□□□□□□□斧斤日寻僧俗之徒子来效力，既涂□□是构是营，异日庄严□□□□□□□□□□□□住持玉溪子照讲主□颠末，以求证正。[1]余谓记者纪大略□□□□。

————————

　　① 杨世钰主编：《大理丛书·金石篇》（10），北京：中国社会科学出版社，1993年，第14页。

大元国大德三年岁舍己亥十月旦日,

承事郎云南诸路行中书省左右司员外郎于永□□。

主盟修造宣授云南诸路释教都总统妙惠圆悟大师节思朵、

修造主事宣授云南诸路释教都总统广惠大师律积速南巴、

管修造本寺住持讲经论沙门希鉴立石。

修建都尉云南管诸杂匠人提举杨立德。[①]

在大胜寺的修造中,至元庚寅年（1290）,前总统唆南编与云南行中书省平章也先卜花奉薛禅皇帝（忽必烈）圣旨开创地基建造大胜寺,塑造三身化佛,但未建成。甲午岁（1294）,都总统节思朵大力复兴佛教。成宗元贞乙未（1295）,都总统律积速南巴继任,一心修茸云南的寺院,大小共计一千余所。其中对大胜寺不但扩建了寺院,而且绘诸佛化身、华严五十三会,大胜寺焕然一新。《大胜寺修造记》载:"中庆府大胜寺者,昔段氏偏据之时,乃一道场。"《重修大胜寺碑铭并序》载:"縣滇地连西竺,与佛国通,理势然也。省城之内,省宪之南,谯楼之北,有寺名曰大胜,肇自蒙段之时,乃一大道场。"[②]元代统治者对大胜寺这一南诏、大理国时期道场的修缮包括了扩建寺院规模、完善寺院结构,不但体现了地方官员对佛教文化传统的尊重,而且延续了地方寺院原来的宗教影响力。

有的地方官员资助寺院,承担寺院诵经的费用。如《昆明筇

① 杨世钰主编:《大理丛书·金石篇》（10）,北京:中国社会科学出版社,1993年,第13—14页。
② 杨世钰主编:《大理丛书·金石篇》（10）,北京:中国社会科学出版社,1993年,第21页。

竹寺蒙古文碑》（汉语译文）载：

　　为报答大长公主收继的恩情，双亲养育的恩情，把自己的梯
己钱给筇竹寺，楮弊一百五十锭，每年用其利息，诵大藏经为皇
帝祈福，并报答大长公主收继的恩情，双亲养育的恩情。给该寺
以为常住。这诵大藏经的楮弊，是俺的梯己钱，不拣兄弟、亲戚、
伴当、奴婢，均不得争夺，着筇竹寺收执。令旨。[①]

　　这通碑立于至元六年龙儿年（1269），碑中言云南王阿鲁的
将自己的"梯己钱"也就是私房钱拿出作为筇竹寺的用资，将利
息作为大长公主、双亲诵经祈福之用，规定其他人不得争夺或
挪用。

　　从元代修复的寺院的性质来看，以禅寺为多，如兴宝寺、妙
应兰若、大胜寺、圆通寺、盘龙庵、宝严寺、大光明寺等均为禅
寺，这与元代内地禅寺复兴的发展趋势保持了一致。"元代内地佛
教以禅宗为主流。北方有万松行秀、雪庭福裕一系的曹洞宗和海
云印简一系的临济宗；南方有云峰妙高、雪岩祖钦、高峰原妙、
中峰明本、元叟行端等所传的临济宗。总的说来，曹洞盛于北方，
临济盛于南方。"[②]

　　地方官员与寺院高僧之间往来密切，延请高僧解经说法成为
平常之事。《太华山佛严寺无照玄鉴禅师行业记》载：

　　① 杨世钰主编：《大理丛书·金石篇》（10），北京：中国社会科学出版
社，1993年，第18页。
　　② 杜继文：《佛教史》，南京：江苏人民出版社，2008年，第445页。

遂建寺名安国，山曰真峰。未几，法席大振，皈投者众，声闻王庭梁王讳甘刺麻，遣使迎师问道。^①师将法席付徒镜中等，随使入对，首开心地法门，次举惟心净土，王不甚欢忻。时大德丙午春。命平章也先不花同御史陈师廉等卜斯地以建梵刹，一载而成，赐寺额曰佛岩，山曰太华。延师为开山第一祖。说法日有商岩、山月、智祖、道元、涌海、戒融等皆精通妙典，深明至理，俱已倾心赞化，其得戒受皈崇者，不及悉数。而王公贵人，或登山问道，或入内授法，均获胜益。如平章也先不花、御史陈师廉、参政也罕的斤、安南使宁端甫、同知杨立义、暨清远居士等，该得洞明心地，直达无为者也。至大辛亥夏，大理世守段忠公，请师就崇圣寺，阐波罗教，为四众受戒，感彩云现端，经时而散。夷罗车里宣慰率各酋长执弟子礼，求净土密要，师剖心指示，均该获益。^②

玄鉴禅师为梁王讲解净土宗的经义，梁王极为高兴，并出资修建梵刹，只用了不到一年就修建而成。可以看出梁王崇佛的虔诚之心，也引得王公显贵效仿，掀起了崇佛的热潮。玄鉴禅师坐化后，王公大臣地方官员纷纷吊唁。碑载："讣闻梁王、宰官、居士、诸山耆宿，莫不悲伤感异。……癸丑岁云南王老的进表请敕谥号智觉慧印禅师。"^③

---

① 文中"声闻王庭梁王讳甘刺麻，遣使迎师问道。"应句读为"声闻王庭。梁王讳甘刺麻遣使迎师问道。"
② 杨世钰主编：《大理丛书·金石篇》（10），北京：中国社会科学出版社，1993年，第17页。
③ 杨世钰主编：《大理丛书·金石篇》（10），北京：中国社会科学出版社，1993年，第17页。

高僧受云南行省地方官员邀请延住不同寺院。《大盘龙庵大觉禅师宝云塔铭》载:

三年后,与无文等七道友开盘龙庵于晋宁之东峤,缁白辐凑,门徒数百有余,成大宝刹。经九载,滇宪监司益德弥实卜花执弟子礼,叩问心要,钦受大戒,确请师住本郡之圆通寺,力辞不获。阖郡官民,铙鼓幢盖喧坲填郭,嗟叹迎接。住四载,欲倡化大理路,经禄丰,檀越倾信,结庵县治之东山。经二载,乃入理郡,驻舄崇圣。明年,平章政事段敏斋阶品甸大王宝花,延住云南水目山,亦经二载。①

大觉禅师乃云南晋宁段氏,其先祖为大理国时期的白选官。29岁时,大觉禅师投昆阳普照山大休禅师高弟云峰和尚门下,祝发受具,讳崇照,法号莲峰。此后,大觉禅师潜心修行,历时七年。三年后与道友无文等七人在晋宁之东开盘龙庵,九年后盘龙庵发展成为大宝刹,大觉禅师座下门徒有数百余人。此后,滇宪监司益德弥实卜花延请大觉禅师入住圆通寺四年。之后,为了倡化大理的佛教,大觉禅师先到禄丰县东山结庵、后到崇圣寺住持,之后经平章政事段敏斋阶品甸大王宝花延住水目山。

有的高僧入住地方寺院后,翻译经书,传布经道。《雄辩法师塔铭》载:"□乌棘人说法□□□严经、维摩诘经,□□□□□

① 杨世钰主编:《大理丛书·金石篇》(10),北京:中国社会科学出版社,1993年,第26页。

以僰人之言，于是其书盛传，解者益众。"①尽管这段文字有阙失，但从留存的文字来看，雄辩法师对《华严经》《维摩诘经》进行了僰语的翻译，促进了这些经书的民间流传。有的高僧广收门徒，法嗣后继有人。如玄鉴禅师师承雄辩法师。《太华山佛严寺无照玄鉴禅师行业记》载："师神姿超卓，道骨坚真，在同辈中最为精进。长礼拜打坐经行，稍壮，凡附近讲肆，悉赴听受，十六圆具慎护身口教，观义理，博究渊明，及知有教外别传之旨，即请益领，参于筇竹雄辩法师。"②玄鉴禅师继续将禅门发扬光大，受梁王委任"延师为开山第一祖。说法日有商岩、山月、智祖、道元、涌海、戒融等皆精通妙典，深明至理，俱已倾心赞化，其得戒受皈崇者，不及悉数。"③玄鉴禅师为佛严寺的开山一祖，曾与商岩、山月、智祖等多位僧人一起切磋，很多人皈依门下。

另外，不少官员亲自为高僧撰写塔铭、行状，彰显其功德和业绩。如：

翰林撰修蒲城杨载仲弘父撰文。奉议大夫佥云南诸路肃政廉访司魏郡张元书丹。荣禄大夫云南诸路行中书省平章政事裹武汪维勤题盖。④（《雄辩法师塔铭》）

① 杨世钰主编：《大理丛书·金石篇》（10），北京：中国社会科学出版社，1993年，第14—15页。
② 杨世钰主编：《大理丛书·金石篇》（10），北京：中国社会科学出版社，1993年，第16页。
③ 杨世钰主编：《大理丛书·金石篇》（10），北京：中国社会科学出版社，1993年，第17页。
④ 杨世钰主编：《大理丛书·金石篇》（10），北京：中国社会科学出版社，1993年，第14页。

按察使赵世延撰。御史官杨耀卿书。①（《太华山佛严寺无照玄鉴禅师行业记》）

可知，雄辩法师塔铭由杨载仲弘父撰文、张元书丹、汪维勤题盖，三人分别任翰林撰修、奉议大夫等职。玄鉴禅师行业记由按察使赵世延撰写、御史官杨耀卿书写。

正如《普光山智照兰若记》所言："佛法之兴隆，系乎僧之善护善嘱；僧之护嘱，在乎山水之明辉，伽蓝之壮丽"②，元代佛教兴隆与统治阶层的推动、寺院僧侣的努力密不可分。元代统治者宽容的宗教政策是云南佛教发展的前提，在此背景之下，地方官员与寺院、僧侣之间的良好互动，有效地推进了佛教世俗化的进程。在《雄辩法师塔铭》中曾言云南民风彪悍，"六诏之俗悍而好□□于死亡，虽□□之威不知畏也。自归我大元，合为一家，数十年间无征伐之祸，□□壮老者□，去□出暴，□□由仁，果孰使之然哉！维大雄氏之教至□□，大千世□□□□于不杀害。"③这段碑文残缺，从存字来看，所言"六诏之俗悍"，指的是云南民风民俗凶悍。又言自从归附元朝大一统后，数十年间没有征战之苦。作者盛赞佛教使得民风醇厚，人与人之间减少了争斗和残杀，功劳极大。

① 杨世钰主编：《大理丛书·金石篇》（10），北京：中国社会科学出版社，1993年，第16页。

② 杨世钰主编：《大理丛书·金石篇》（10），北京：中国社会科学出版社，1993年，第26页。

③ 杨世钰主编：《大理丛书·金石篇》（10），北京：中国社会科学出版社，1993年，第15页。

三、大理段氏总管的"大崇圣寺情结"

中统二年（1261），世祖忽必烈颁布诏书，令段智兴之弟段实（即信苴日）总理云南，削去帝号，降为臣民，同时依旧给予段氏总领云南的权力，"自各万户以下皆受其节制"[1]。段实始任总管之职，揭开了元代大理总管时期的序幕。至元元年（1264）、至元十二年（1275），段实率部前后两次成功平定舍利畏的变乱，在元朝对云南的控制中发挥了重要的作用。元代段氏相续任大理总管共历12代122年，成为元代云南特殊的政治体制。"大理国灭亡之后，蒙元政府没有对段氏彻底斩草除根，反以大理总管之职授以段氏而直至元亡，这又是与中国历史上的许多王朝的结局大相径庭。"[2]

终元一代，段氏对佛教持有特殊的热情，尤其是对崇圣寺、剑川石窟等南诏、大理国时期的佛教遗迹，段氏竭力维护修缮。

《大崇圣寺碑铭并序》载：

中顺大夫总管隆之祖实，中奉大夫云南行中书省参知政事赠武定郡公，拳勇有大度。留心内典，崇信三宝，谓干戈傲扰，系佛力攸赖，蒙被世祖好生之德，一门生聚，不陨锋镝。于是发愿大建佛宇，以报慈氏无上之恩，延洪我皇元万世灵长之祚也。大理崇圣寺者，在郡之点苍山下，蒙氏之所创也。寺既灾，武定公为大檀越，出己财，缮治庄严经像，殿庑焕然复新。三塔峙立，金碧交辉，巨丽与山埒，望之如昆阆间物。舍田供僧，日百许人。

---

① （明）宋濂等修：《元史》，上海：上海古籍出版社、上海书店，1986年，第7686页。

② 段玉明：《大理国史》，昆明：云南民族出版社，2003年，第66页。

住持僧曰觉性也，两被玺书覆护，寺益显矣。①

该碑立于泰定二年，由大理段氏第六代总管段隆所立。这段碑文追溯大理段氏第二代总管段实（即段隆之祖父）振兴大理佛教、出资修复崇圣寺的历史。经过段实的修复，崇圣寺不但恢复了规模，而且变得更加宏伟辉煌，崇圣寺三塔也焕然一新。段实捐赠常住田，供养僧人达百余人。崇圣寺住持觉性两次受朝廷钦命，崇圣寺日益兴盛。

1284年，段实上表请奏朝廷恩准大胜寺恢复僧纲司管辖。立于大德三年（1299）的《大胜寺修造记》载："中庆府大胜寺者，昔段氏偏据之时，乃一道场。圣元癸丑，天兵南下，混一之后，此道场为外道夺居者数载。至元二十一年甲申岁，云南省参政段昔苴日闻奏朝廷，圣恩准奏，复归僧司。"②这里言大胜寺本为大理国段氏的皇家道场，但大理国灭后，大胜寺为外教侵占。作为段氏后裔，段实向朝廷奏表此事，希望中央将大胜寺纳入僧纲司。此后朝廷恩准大胜寺复归僧司管辖。《重修大胜寺碑铭并序》记述了段实维修大胜寺的细节。碑载："创开故基，乃建正殿五间，延袤宏广，庄塑三化身佛像。"③

第10代总管段宝亦崇信三宝。《大光明寺主持瑞岩长老智照灵塔铭并序》载："至正癸卯，土官段亚中于云南省有大功勋，册

① 杨世钰主编：《大理丛书·金石篇》（10），北京：中国社会科学出版社，1993年，第19页。

② 杨世钰主编：《大理丛书·金石篇》（10），北京：中国社会科学出版社，1993年，第14页。

③ 杨世钰主编：《大理丛书·金石篇》（10），北京：中国社会科学出版社，1993年，第21页。

功升为行省右平章，本镇大理路，升为大理宣慰司，嗣男段信苴宝，字惟贤，升为宣慰司，世袭宣慰使，兼云南省左丞。惟贤赋性仁慈，廉清勤俭，焯有父风。年虽弱冠，赈孤恤贫，濯癏煦寒，大得民心，民乐其生。又能崇信三宝，以故诸山列刹，硕德禅衲，员以千数。"①由于段宝崇信佛教，推动了大理佛教的发展，使得名山宝地，大德云集，僧侣人数增多。《段信苴宝摩崖》②记录了段宝对剑川石窟修复的情况。

从诸多碑记中可见，段氏总管在崇佛的同时，表达了拥护元代大一统的政治愿景。段隆为第5代总管，1317—1328年任大理总管之职。泰定二年（1325），段隆立《大崇圣寺碑铭并序》。这通石碑的主要内容为段隆追述自己的祖父——第一代总管段实修复崇圣寺的往事，彰表其一生功绩，尤其突出段氏在效忠元朝、安定边疆治理中作出的卓越贡献。碑文中，段氏对元代的感恩之情溢于言表。

《大崇圣寺碑铭并序》言：

太素彤而皇极立，大明升而爝火熄，圣人作而海宇一也。昔在世祖圣德神功文武皇帝，以仁圣之姿，贵介之弟，肃振天威，奋扬神武，大举六师，亲征云南。一鼓而出萧关，再驾而克大理。惟大理西南夷之巨防，段氏国之，余三百年，天戈一举，望风底定。而居民安堵，不知有兵。段氏祖属皆在保宥，使永其世祀。

①　杨世钰主编：《大理丛书·金石篇》（10），北京：中国社会科学出版社，1993年，第28页。文中"升为大理宣慰司，"的逗号应为"。"。
②　杨世钰主编：《大理丛书·金石篇》（10），北京：中国社会科学出版社，1993年，第25—26页。

巍巍乎圣人之一海宇，神武不杀之仁，振古蔑以加矣。南方既平，悉郡县之，控以大阃。大理亦厘为一郡，以段氏宗子袭为长民。①

从这段话语可以看出，段隆对元世祖平云南而不杀段氏感恩戴德，同时段氏对大理设为"郡"和降为民俯首认同。碑言："大理亦厘为一郡，以段氏宗子袭为长民。……主持僧曰觉性也，两被玺书护覆，寺益显矣。"②这里追溯段实振兴大理佛教、出资修复崇圣寺包含的三层意思：一则段实笃信佛教；二则借助发愿重修寺院，表达对元世祖好生恩德的感激之情；三则祈福元代国祚长久安泰。其后，碑文笔锋一转，详述段实任职大理总管的政治功绩。碑言：

公受命以来，益自奋励。抚绥蛮夷，奖练士卒，功郡阐，下石城，克新兴，取寻甸。挫舍利畏三十万啸集之师于滇海之上，破释多罗十余万寇抄之众于洱水之滨。……子庆番侍春官，父子并以宣慰、元帅之节，继参大政始终。七觐阙庭，赏赉无算。褒大推崇，生荣死哀，以裕厥家。诸孙之为方伯连帅者又十数人。③

碑言段实"挫舍利畏三十万啸集之师于滇海之上，破释多罗十余万寇抄之众于洱水之滨"均有史可稽。至元元年（1264），

① 杨世钰主编：《大理丛书·金石篇》（10），北京：中国社会科学出版社，1993年，第19页。
② 杨世钰主编：《大理丛书·金石篇》（10），北京：中国社会科学出版社，1993年，第19页。
③ 杨世钰主编：《大理丛书·金石篇》（10），北京：中国社会科学出版社，1993年，第19页。

"爨僧"舍利畏联络威楚、统矢、善阐诸郡发动变乱,"东方诸爨部并起应之,众至三十万"①,先后攻占了善阐、统矢、威楚、新兴、寻甸等城。段实率兵往定,破叛军于威楚、统矢、安宁等处。后又破释多罗十余万众于洱海口。至元十二年(1275),舍利畏再反,又被段实率部平定。"兀良合台离开云南以后,至至元四年(公元1267年)之间,忽必烈对云南的控制主要是依赖于段实予以实现的。与后继的各代大理总管相比,段实的权力要大得多,故《南诏野史》称之为'云南总管'。"②至元十九年(1282),段实率子阿庆入觐,元世祖忽必烈嘉奖其忠勇,晋升为大理、威楚、金齿等处宣慰使、都元帅。辞行时,忽必烈复任命段实为云南诸路行中书省参知政事,留下阿庆宿卫东宫。段隆对先祖创建的功勋深感荣耀。所以,在他看来,效仿钱俶刻石立碑,彰显段实之功并不为过。《大崇圣寺碑铭并序》言:"昔者清献赵公知杭,以龙山妙因院为钱氏表忠观。文忠苏公文而碑之,以纪钱氏之勋。我先人臣属天朝,勤劳王家,建崇圣佛刹,思报国恩,敢请太史之文,如钱氏故事。刻先世功德于寺,以垂示方来。"③段隆对先祖段实振兴大理佛教、修复崇圣寺的功劳进行旌表,同时也希望后继者能够铭记效仿。

立于延祐四年(1317)的《段信苴宝摩崖》与《大崇圣寺碑铭并序》则有了明显的不同。

《段信苴宝摩崖》原文如下:

① 诸葛元声:《滇史》,潞西:德宏民族出版社,1994年,第241页。
② 段玉明:《大理国史》,昆明:云南民族出版社,2003年,第80页。
③ 杨世钰主编:《大理丛书·金石篇》(10),北京:中国社会科学出版社,1993年,第19页。

大元国奉训大夫都元帅段信苴宝我立记。

丘坛傈似云路山难是因波，溪林寂静，宝窟幽深。罗普贤菩萨梨亲现波，上圣人罗汉摽指万古踪踪。地是邓川州丘灵异出，各婆调山水阿座矣。东因建立年代估久，废息渃难。我波大州官味梨，更修盛事，不全雁憨。至正二十五年，丘我请释觉真阐新修盛，住持波上。至至正三十年丘难修造五十三参净土图像，山水成就，雁可在。段信苴宝我奉施释觉真自己本山常住三项，开在碑面上边，后洎代代世世诸人不得取夺阻坏，永为常住。专乙祝延圣寿万岁，太子千秋，诸位百官高增禄位。唯愿天下太平，法轮常转，风调雨顺，国泰民安。回向法界，十类四生，共证无上佛果者。

一本山地面估界，东至猪院场，西至舛脚，南至水场，北至伸樟涧。

元帅段信苴宝施常住地。

一本州官信苴善味至我味施林树坪享故渠弄地陆双。

一命我元得李正惠施白土地壹双，鱼行坡尾地壹双，坪□苏估地壹双，石坡坪地贰角，大估门地贰角，温水局地贰角，卷江下种子地肆禁。

同知段信苴海施常住地，地名上场神洞尾，菜地叁角，东至杨胜，西至杨明通、南北至水估。

本山住持释觉真自己施常住地壹双，陋地门地壹双，东义连，

西侶青。（下阙）①

《段信苴宝摩崖》为白文书写，汉语译文如下：

大元国奉训大夫都元帅段信苴宝我立记。

大家说佛你住在云路山，因那里山林寂静，宝窟幽深，罗汉
普贤菩萨亲自现身坡上。圣人罗汉指点，万古踪踪，它是邓川州
里灵异出名、山水秀美的一座山啊！后因建立年代久远而荒废了。
我父州官未黎重修，但圣身不全，延至至正二十五年间，我请释
觉真重新修理，住持坡上。到至正三十年里，奉造五十三尊净土
图像，山水成就应该算是可以了。把段信苴宝奉施、释觉真自己
所捐、本山常住三项开列在碑面上，今后及世世代代诸人不得夺
取、阻拦、破坏，永为常住寺产。请给予祝愿圣寿万岁，太子千
秋，诸位百官，高增禄位，天下太平，法轮常转，风调雨顺，国
泰民安，与法界十类四生共证无上佛果。

一本山地面沟界：东至猪院场，西至舛脚，南至水场，北至
神樟涧。

元帅段信苴宝施常住地一岁。

州官信苴善味至我味施林□府事故渠弄地六双。

一□我原得李正惠处荒地一处，鱼行坡尾地一块，平波平地
或天去门地二角，温水局地二角，龙江下种子地"埜"。

同知段信苴海施常住地，地名上场神涧尾菜地三角：东至杨

① 杨世钰主编：《大理丛书·金石篇》（10），北京：中国社会科学出版
社，1993年，第25—26页。

胜地，西至杨明通地，南北至水沟。

本山住持释觉真自己施常住地一处，陋地门地一双，东义连□□□。①

这段文字刻于邓川西南的石窦得泉井的石壁上。文中所言的"宝窟"所指应为剑川石窟，剑川石窟按照元代云南行省的区划，上属大理府，下隶邓川州管理。

对比《段信苴宝摩崖》与《大崇圣寺碑铭并序》，两者的不同在于：行文结构上，《段信苴宝摩崖》开篇直接进入对剑川石窟地貌和风景的描述，《大崇圣寺碑铭并序》开篇为歌功颂德之辞。措辞风格上，《段信苴宝摩崖》中频繁出现"我"字，一共五次，具体为：碑的标题"大元国奉训大夫都元帅段信苴宝我立记"，正文中有"我波大州官味梨"，"丘我请释觉真阐新修盛"，"段信苴宝我奉施释觉真自己本山常住三项"，"一本州官信苴善味至我味施林树坪享故渠弄地陆双"。"我"字的多次出现，无疑是段宝要标明身份的独立性，透露出骄傲之情。从语言角度来看，《段信苴宝摩崖》通篇用白族语书写，《大崇圣寺碑铭并序》以汉语书写。《段信苴宝摩崖》最后段宝向世人宣布剑川石窟的寺产永世不容许任何人侵犯，显露出段宝作为地方最高行政长官的权威性。《段信苴宝摩崖》与《大崇圣寺碑铭并序》的不同，体现了段宝作为一方土酋的豪气。

联系《段信苴宝摩崖》与《大崇圣寺碑铭并序》产生的时代背景可知，第九代大理总管段宝之父段功曾屡次帮助梁王击退红

① 周祜：《大理古碑研究》，昆明：云南民族出版社，2002年，第78页。

巾军的进攻，梁王为了感谢段功的退敌之功，将女儿阿盖公主许配给段功为妻。后来梁王因忌惮段功势力强大而设计将其杀害，梁、段失和。至正二十六年（1366），段宝自称平章，划地自守。梁王令平章失剌率兵攻打却七攻不克，梁王、段宝年年构兵而致生灵涂炭，鹤庆知事杨升出面调停，希望两家和好罢兵，后双方以洱河金鸡庙分界，南属梁王，北属段氏。"十分明显，此次交和是以梁王承认段氏独立作为代价的。也就是说，通过此次交和，段氏不但事实上而且在名义上都从梁王的控制下脱离出来，正式与梁王划地而治。"①

明太祖开基之后，段宝向明朝奉表归附，表称："臣闻有天下者为天下之主，有列土者为列土之君。卑臣虽隔万里之遥，丹心每尚中原之主。大理自二帝三王之后，两汉三晋之终，大蒙国受封于前唐，郑、赵、杨继立于五季。自臣祖思平有国，贡礼屡行于东宋，身心每到于西南。迨至前元，不尚仁义，专事暴残。顺帝已遁北方，梁王遁祸鄯阐。遂闻明主奉天承运，御极南京，中原太平，边檄宁静意者。中国有圣人履尧舜之正统，小汉唐之浅圖，天时人事然也。或命臣依汉唐故例，岁贡天朝；或效前元职名俾守旧土，庶寒谷四赐幽扃照日。今荒浴德，六合同春，垂怜边境，救息一方。欲修贡礼，恐触明威，合待事礼之定，专候圣旨之颁。谨此专差段真、王伯、鹊驰奉以闻太祖诏谕之。"② 这里，段宝既表达了归顺之意，又不忘家史。段宝作为段氏后人，尽力修护剑川石窟亦在情理之中。

---

① 段玉明:《大理国史》，昆明：云南民族出版社，2003 年，第 85 页。
② （明）倪辂撰，杨慎校:《南诏野史》，杨世钰、赵寅松主编:《大理丛书·史籍篇》（卷二），昆明：云南民族出版社，2012 年，第 378 页。

综上所述，元代中央政权对云南佛教的发展进行了政策引导，云南地方官员则以具体行动实践政策。段氏总管作为云南行省管理阶层中较为特殊的成员，一方面在宗教活动中与中央的宗教政策规定保持一致，另一方面对大理国时期佛教文化的遗存进行了积极的修复和完善，对云南佛教文化的延续和发展发挥了重要的作用。

第五节　剑川石窟文献与明清时期的佛教文化

明清时期云南被纳入中央王朝的政治格局中，大一统的政治体制加速了云南向汉文化的转型。

一、明清时期剑川石窟文献的概况

明清时期，剑川石窟造像周围空白的岩壁成为人们题诗写文的空间，剑川石窟增加了不少摩崖上的题记、题诗。此外，石窟寺院得到修复，增加了不少碑记。明清时期剑川石窟文献有题记、碑记（志）、摩崖、楹联、铭文多种类型，其数量不少于40件，总量超过了以往朝代。

二、明清时期剑川石窟的修复

明清时期，人们对剑川石窟进行了修建。明代石宝山有几次大的重修。一次是隆庆元年（1567）重修。《石宝山记》碑载："予今别兹山三十年，升庵已物化。一日有方外静空持山图征予为记，且曰：兹山非复旧观，颓圮已甚，父老咨嗟，咸愿修复。"[①]一次是万历三十八年（1610）再次重修。《重修石宝山碑记》载："今秋适鹤庆有文林山主监生高栋（下阙）弟高椿、高标、叔高

---

① 杨世钰主编：《大理丛书·金石篇》（10），北京：中国社会科学出版社，1993年，第102页。

招，住僧圆德，在彼重修殿宇，复造桥道。"[1]明代崇祯年间，治城人段晅出资建佛顶寺，清初更名为慈云寺。段晅在明代崇祯时官至东宫侍卫、荫袭锦衣卫右军都督、金吾总兵、光禄大夫。其父段高选，为明万历四十七年（1619）己未科进士，任四川巴县令。天启元年（1621）当地土官奢蔺叛乱，段高选被杀，全家死难八人，他的庶妻与儿子段晅脱难逃归剑川。崇祯初段晅赴京上书陈情，朝廷追赠其父段高选为光禄寺卿、户部左侍郎，谥"恭节"，并御葬、御祭，敕建"昭忠祠"于剑川。段晅奉职入朝为官。崇祯末年，段晅返剑川，出资修建寺庙于石宝山顶，延请高僧寂定大师住持，寺建成后，定名为"佛顶寺"。清顺治末，吴三桂镇滇，命段晅出赞襄。段晅鄙视吴三桂不应，与母亲、夫人入石宝山佛顶寺避隐，至康熙元年（1662），改称"佛顶寺"为"慈云寺"。《石宝山佛顶寺开山传讲经律自如和尚道行碑》《剑川段氏宗谱》《段恭节昭忠录》均有载录。

清代石宝山新建了不少佛教建筑，原有的一些寺院也得到修缮。新建的有海云居，修缮的寺院有宝顶寺、灵泉庵、玉阁、慈云寺，重建的有祝延寺，另外新建寿量塔、石钟山牌坊等。碑记举例如下：

自是，韵士游人，时时星聚，乃肇有玉阁若宝顶寺。灵泉庵则茸自大奎吾存蓼公，延自如师为挥麈地。后行僧继若，又绍僧楚石而营海云居，莫非为祝延一刹添锦也。康熙丁卯，祝延以炉

①　杨世钰主编：《大理丛书·金石篇》（10），北京：中国社会科学出版社，1993年，第120页。

炽召回禄，栋宇俄烬，岂神僧西去，地不复灵。抑数百年之陈迹，宜更鼎新耶。有住持性珠，发心倾囊，又能广得人缘，檀施如织。遂庀材鸠工，晨夕展力，俾瓦砾废址，倏而黝垩，丹漆楹角焕然。视昔开山之高世守，勋莫烂焉。殿堂门庑，悉举旧制，而规模壮丽，略示更张。工起戊辰季春之朔，迨庚午授衣，而百堵具兴，工用告成。①

于癸酉间，效阿育王造八万四千宝塔，供养如来舍利，建寿塔于前山之岗。②

福地虽云有矣，而上仅玉阁明王堂有一僧舍，所容不得三五之众，其开始乃杨九生之遗迹也。事远年湮，枚举未及。继有溪阴庄登寸衷义公，已开拓而扩之。……夫以三公之勸勤募化，于康熙戊辰重修玉阁，乙亥重铸至尊，继而佛殿崇高，廊庑僧舍之整顿。③

第一段碑文述明代杨慎、李元阳等人到石宝山探胜之后，文人墨客到访络绎不绝。祝延寺的规模不断扩大，前后修建了玉阁、宝顶寺、灵泉庵和海云居。康熙丁卯年（1687），因佛前香炉火发而引发火灾，寺宇被烧毁。住持性珠和尚（即独耀禅师）经两年募化得以重建。

① 《重建石宝山祝延寺记》，杨世钰主编：《大理丛书·金石篇》(10)，北京：中国社会科学出版社，1993年，第150页。文中"乃肇有玉阁若宝顶寺。灵泉庵则茸自大奎吾存蓼公，延自如师为挥麈地。"句读应为"若宝顶寺、灵泉庵则茸自大奎吾存蓼公，延自如师为挥麈地。"
② 《祝延寺独耀禅师寿量塔铭》，杨世钰主编：《大理丛书·金石篇》(10)，北京：中国社会科学出版社，1993年，第151页。
③ 《重修石钟寺常住记》，杨世钰主编：《大理丛书·金石篇》(10)，北京：中国社会科学出版社，1993年，第201页。

第二段碑文中记述康熙癸酉年（1693）性珠和尚效仿阿育王建宝塔，于石宝山前山山岗建寿塔供养舍利。

第三段碑文记述康熙戊辰（1688）寸衷义、吴晚景、李昆然三公募化重修玉阁，1695年重塑至尊圣像，佛殿、僧舍为之整顿一新。

从参与修缮寺院人员来看，并不单一，有官员、僧侣、信众和文人。如嘉靖年间石宝山重修，僧人静空、德果，地方官员赵守臣，文人李元阳及当地百姓均出资出力。《石宝山记》载："予今别兹山三十年，升庵已物化。一日有方外静空持山图征予为记，且曰：兹山非复旧观，颓圮已甚，父老咨嗟，咸愿修复。……今诸人果不渝始盟，予固愿割田益之。……剑川州世袭土官华山赵守臣、弟赵定忠、僧正司德果谨立。应袭赵瞻石匠杨忝祖杨时受□。"① 在万历年间重修石宝山时，参与者更多。《重修石宝山记》载："今秋适鹤庆府有文林山主监生高栋（下阙）弟高椿、高标、叔高招、住僧圆德，在彼重修殿宇，复造桥道。"② 该碑的后半部分载录了捐赠功德近二百人的名单。碑载："后开大功德主本府通判杨尔名奉中宪大夫知剑川州事爱民父母杨启荣□□□□并舍人杨文显（下阙）。乡官查伟、孙健、李三乐、阿贞，举人杨濬、杨芳盛、罗杰、杨栋朝、□□□□□浪穹（下阙）。……禄汝恩。本

① 杨世钰主编：《大理丛书·金石篇》（10），北京：中国社会科学出版社，1993年，第102页。
② 杨世钰主编：《大理丛书·金石篇》（10），北京：中国社会科学出版社，1993年，第120页。

州六房书吏等。"①可见，先有监生高氏兄弟、僧圆德等，后又有通判杨尔名、州事杨启荣、舍人杨文显、乡官查伟、举人杨濬等参与维修。石钟山玉阁是僧人师慎与地方名望联合重修。②

二、剑川石宝山法嗣绵延

明清时期，剑川石宝山先后有寂定、独耀、普联、普灵、思明、师慎、续宏、静空、圆德、惺初平、昌慧等高僧弘扬佛法。

在这些高僧中，有不少为大理当地人士，如寂定、普联、普灵、思明、续宏。其中寂定和尚，字自如，号铁牛，明末治城人，住持剑川石宝山佛顶寺，法嗣传承至清代。《石宝山佛顶寺开山传讲经律自如和尚道行碑》详述了寂定一生的行状。碑文的前半部着重于描述寂定游历各地，学法讲经，最终成为法界知名高僧的经历。碑言：

年十七同给事杨公宦游，偶因逆缘勃发，灵心顿慕佛乘，潜往南岳，礼无相隐者，相见，便器之，遂留住祝发。未几，辞师之白门，叩诸明哲，精研诸经，忽于楞迦有省，深入诚吾法师之室，圆具于三昧律师，何生公请师设讲于毗陵，自此声光日重，师复退居南岳，刺血书华严，时鹤庆杨大豫侍郎巡按山东，便道朝南岳，钦师高致，访于祝融峰顶，留题书毕，别而去。师慕颛

---

① 杨世钰主编：《大理丛书·金石篇》（10），北京：中国社会科学出版社，1993年，第121页。文中"本府通判杨尔名奉中宪大夫知剑川州事爱民父母杨启荣□□□□并舍人杨文显（下阙）。"句读应为"本府通判杨尔名、奉中宪大夫知剑川州事爱民父母杨启荣、□□□□并舍人杨文显（下阙）。

② 《重修石钟寺常住记》，杨世钰主编：《大理丛书·金石篇》（10），北京：中国社会科学出版社，1993年，第201页。

愚和尚，往觐之，诘辩间知师乃为法门良器，他日可为大树，与天下人歇阴凉，凡文字描写不得处，皆以心授，师无不深省。禅侣请颛公论楞严，请师为副座，遂得嗣法于颛公焉。庚辰秋还滇省母，随历都城，人皆望风瞻敬。[①]

碑言寂定十七岁时从杨公宦游，因心慕佛门，到南岳衡山后，与无相隐者结缘，削发为徒。不久，寂定到白门研习佛经，向诚吾法师、三昧律师求教，并受戒于三昧律师。其后，寂定在毗陵讲经，名声日重。后来，寂定返回南岳向颛愚大师学法，为颛愚大师副座。崇祯十三年（1640）寂定游历京师，法界望风而仰。

碑文的后半部分记述寂定高僧返滇后弘扬佛法，振兴剑川石宝山佛教的经过。碑载："辛巳（巳）冬，过鸡足，住锡石钟。明年春，阁山请师论楞严，师放出灵牙利齿，河注海翻，天花乱午（舞），闻者莫不惊喜得未曾有，法席之盛，振于南滇矣。"[②]"辛巳"指公元1641年。这一年，寂定途经鸡足山，住锡于石钟寺。一年后，受山僧阁山的邀请，寂定为僧众讲《楞严经》，听众大为赞佩，誉满滇南。1644年，寂定欲返回衡山，因地方人士挽留，加之明末乱世，道途阻隔，寂定高僧退居狮林。碑言："甲申夏，拟辑南岳，镇南州牧诸公降心求道，留教数月，值明末烽起，戌（戎）马阻途，退隐鸡山狮林。"[③]后来，寂定受赵公延请，住

① 杨延福：《剑川石宝山考释》，昆明：云南民族出版社，1999年，第50页。

② 杨延福：《剑川石宝山考释》，昆明：云南民族出版社，1999年，第50页。文中"辛巳"误写为"辛巳"。

③ 杨延福：《剑川石宝山考释》，昆明：云南民族出版社，1999年，第50页。文中"辛巳""戎马"误写为"辛巳""戌马"。

持拈花禅院。期间，寂定高僧亲自躬耕于石蟆江，以此资纳云游僧人。碑言："鲁川养晦赵公，延师主拈花禅院，师乃亲耕于石蟆江，以资接纳云游者，皆沾法乳焉。"① 后来，寂定又在五华白云间修建茅庵，命名为"祝融居"。碑言："复筑茅庵于五华白云间，额曰祝融居，志故地也。""因为师勉力捐资，去故更新，越一载而殿宇禅室法像称备，师改颜曰碧磊居，余别号也。"经过一年的经营，祝融居规模扩大，寂定变更其名为"碧磊居"。后寂定回剑川探母，受赵鹤延请住持石宝山宝岩（宝相寺）。碑言："师至孝，过剑城，耆儒赵公鹤，慕其德，固留延之住持石宝山之宝岩，遂添建宝岩别室为师母所，而母耄年寿终，以缟礼归葬。"寂定在宝岩旁另建一室为母亲颐养天年的居所。其母年老而终，以礼归葬。其后，受段晅之请，寂定在石宝山峰顶建佛顶寺。段晅效仿苏东坡将玉带留镇于寺，邓川人刘陶石送《大藏经》一部，地方人士亦纷纷礼敬寂定高僧。碑言："时有东宫侍卫存蓼段公，请师拈茎建寺于石宝山峰头，名佛顶寺。功告成，轮奂巍然，龙翔凤翥，景丽山林，两挟其胜。适永历驻跸滇城，段公任行在锦衣都督，文封一品，效东坡以玉带镇山门故事，邓川陶石刘公，送大藏经置于寺中为光明幢。所历郡侯樊、罗、万诸公咸敬礼焉。"②

住持佛顶寺后，寂定以弘法为己任，不遗余力。《石宝山佛顶寺开山传讲经律自如和尚道行碑》载："师斌性冲和，一丝不挂，唯以宏法为已（己）任。挥麈则才辩风生，满腔流出，悉成法音。濡毫则词藻泉发，无非妙谛。吴、楚、滇、黔讲演诸经若干会。

① 同①，第50页。
② 杨延福:《剑川石宝山考释》，昆明：云南民族出版社，1999年，第50页。

曾注释楞严、法华、楞迦、圆觉、金刚等经，宝训、起信论、八识规矩。所著诗文杂集不一。因兵乱相仍，惜未梓行，然观之者不啻三千大千中一阵春雨矣。"[1]寂定在石宝山开法席，传讲经律，并注释《楞严经》《法华经》等多部经书，石宝山名声大振。清顺治十六年（1659），寂定圆寂于佛顶寺。碑载："巳（己）亥冬日，倏尔示疾坐化，一衲之外，不余丝物，但闻空香满室而已。"[2]寂定的骨灰被安葬在海云居山门外，墓塔犹存。

普联和尚，字继若，为剑川向湖村白族赵氏之子。童年时拜楚石为师，落发为僧。《石宝山佛顶寺开山传讲经律自如和尚道行碑》载："康熙二十四年四月八佛诞日徒照敏、照贤、照律、照愚、嗣法孙普联、普和……心诚等仝立石。"[3]普联是寂定的法孙。普联与楚石大师一起兴建海云居。楚石之后，普联继任海云居住持。普联深究佛书，戒律精严，善于写文，工于书法，晚年在海云居后修筑静室，名曰"梅溪室"。在寂定高僧圆寂后，普联将其葬于海云居旁，修筑佛塔，同时修筑普同室，安置石宝山各寺圆寂僧人的骨灰罐。

普灵，字性珠，号独耀，是鹤庆白族望族李氏之子，家世业医。清顺治九年（1652），入剑川石宝山礼惺初平大师落发为僧，师从慧昌和尚学习佛经，受戒于佛顶寺寂定大和尚。后其住持宝相寺（即祝延寺、石宝寺）。康熙二十六年（1687）正月元宵节，

---

① 杨延福：《剑川石宝山考释》，昆明：云南民族出版社，1999年，第50页。文中"唯以宏法为巳任"之"巳"字有误，应为"己"。

② 杨延福：《剑川石宝山考释》，昆明：云南民族出版社，1999年，第50页。文中"巳亥冬日"中"巳"字应为"己"。

③ 杨延福：《剑川石宝山考释》，昆明：云南民族出版社，1999年，第51页。

因火灾祝延寺被烧毁。普灵苦心经营，多方募缘而重建寺宇。重建完工后，祝延寺辉煌壮丽，胜于昔日。[①]

赵思明，本名启华，为剑川治城白族。明末考取秀才，将贡入京师太学而明亡。赵思明随即入石宝山宝岩（宝相寺）披雉为僧，自号"思明"。其后，他云游全滇，行脚无定。晚年云游黔、蜀，不知所终。师慎和尚，本为鹤庆灵泉寺僧人。清朝顺治初年，云游抵剑川石宝山石钟寺。此时石钟寺无住僧，无屋宇，十分荒凉。师慎和尚募缘建寺及玉皇阁，并在此收徒，置常住田。师慎和尚圆寂后，葬于石钟寺北面的山梁上，墓今存。续宏和尚，字印宽，为普联师第五代法孙，是剑川州僧正。续宏和尚深习梵诵，躬耕田地菜圃，人称"苦僧"。募缘修建屋宇，彩绘佛殿，蓄积书画，栽花种柏，名振剑川法界。圆寂后，安葬于寺外右岗，墓今存。[②]

明清时期，石宝山各寺僧众不下数百，但因墓碑多不存，缺乏文献记载，所以难知其详。其中大理本籍出家为僧者居多，中间不乏官宦贵绅之家的子弟。

三、明清时期女性与佛教世俗化

剑川石窟造像中，"甘露观音""阿姎白"以及"细奴逻全家福"中的后妃均为女性形象。在现实生活中，佛教文化对世俗的影响与女信众的推动有着重要的关系。

---

① 《祝延寺独耀禅师寿量塔铭》，杨世钰主编：《大理丛书·金石篇》（10），北京：中国社会科学出版社，1993年，第151页。

② 关于赵思明、师慎和尚、续宏和尚的行状见杨延福：《剑川石宝山考释》，昆明：云南民族出版社，1999年，第37—38页。

从剑川石窟的造像题记可见，女性参与了石窟造像的修造。第12号窟"佛、菩萨造像"的《张傍龙造像题记》和第13号窟"阿嵯耶观音造像"题记明确写出女性造像者姓名。《张傍龙造像题记》载：

> 沙退附尚邑　三睒白张傍
> 龙妻盛萝和　男龙君龙庆
> 龙兴龙安龙　千等在善因
> 缘敬造弥勒　佛阿弥仏
> 王天祐十
> 一年七月廿
> 五日题记[①]

在这则造像题记中，盛萝和乃张傍龙的妻子，她和丈夫、五个儿子一起捐资敬造了佛和菩萨造像。虽无法确考盛和萝的身份，但这位女性是迄今为止，我们知晓的剑川石窟最早的一位女性造像者。第13号窟《阿嵯耶观音造像题记》中，也出现了大理国时期女性参与剑川石窟雕造的身影。题记原文为："大理国造像施主药师祥妇人观音好爱□媳□□等敬雕。"[②] 这段题记文字有残缺，但从"妇人观音好爱媳□□等敬雕"可以确定"妇人"一词标明了"观音好爱"是女性的名字。从"媳□□等"可推知，可能还

---

　　① 杨延福：《剑川石宝山考释》，昆明：云南民族出版社，1999年，第89页。

　　② 杨延福：《剑川石宝山考释》，昆明：云南民族出版社，1999年，第90页。

有其他女性一同参与了佛像雕造，所以推测建造阿嵯耶观音造像者为女性群体。另外，依据载南诏、大理国时期的《米达拉摩崖造像题记》载："奉为施主三遍坦绰衮衰长妇人药师信男女造。大圣北方多闻天王。大圣大黑天神。"① 从这里也可知，女性也参与佛像建造。

南诏、大理国的文献中记载了女性弘法的活动。南诏王蒙丰佑的王妃是罗次县人，受到丰佑宠爱，好佛，修建罗次寺。《南诏野史》言："宣宗丁卯大中元年，佑妃卒，佑郁郁不乐。臣下请选妃女备后宫，得罗部（今云南府罗次县）一美女进之。有宠，女好佛，建罗次寺，至今灵异。"②

也有女性与僧人联姻的事例。在《五密坛主杨公墓志铭》中载："公讳珪，姓杨氏，乃密祖法律之裔。……孝惠王时，……以公主妻之。"③ 这里记载了南诏公主与密僧联姻一事。《董氏宗谱记碑》（第一碑）中记述了密教高僧董伽罗尤与南诏公主联姻一事。碑载董氏始祖董伽罗尤"年十五，精通秘密，神术无方，蒙王封为国师，以女妻之，招为驸马。"④

女性被视为佛陀或是菩萨的化身。"白姐阿妹"为大理国开国皇帝段思平的母亲，被视为"弥勒佛"的化身。在大理国写经

① 杨世钰主编：《大理丛书·金石篇》（10），北京：中国社会科学出版社，1993年，第6页。

② （明）杨慎编辑，（清）胡蔚订正：《南诏野史》（罗振常藏本二卷），杨世钰、赵寅松主编：《大理丛书·史籍篇》（卷三），昆明：云南民族出版社，2008年，第195—196页。

③ 二碑见徐嘉瑞引自石钟健辑《大理喜洲弘圭山·明代墓碑录》第一辑。徐嘉瑞：《大理古代文化史稿》，北京：中华书局出版社，1978年，第311页。

④ 杨世钰主编：《大理丛书·金石篇》（10），北京：中国社会科学出版社，1993年，第223页。

"大黑天神道场仪"中有这样一段文字赞扬白姐。文字如下：

献明珠，感佛果，乃娑伽海女之真仙；助猛圣，正龙华，实弥勒化后妃之神母。华严大吉祥白姐，凤凰威仪，冰霜贞洁；阴阳二气，天地一如。头戴三龙，身垂二臂。龙分中辅弼，界统欲色无。左手安自心，指迷心明觉心之理；右手摩童顶，开肉光空顶之门。时登云阙蟾宫，统嫦娥，证五通之果；际会鳌海华藏，腾涛浪，作三会之尊。微德昭昭，豪光遍天上天下；威仪齐齐，宝盖罩龙髻龙冠。侍从神童，参随彩女。资□类咸生内院；了色空悉会中围。

赫赫迦罗大圣妃，懿名白姐吉祥微。

龙华会上无为位，秘密坛中有色威。

曾献明珠铭佛念，已登道果助神机。

参随窈窕诸天女，云集光临绕圣围。

加持白姐圣妃真言①

在这里，白姐圣妃有着多重的身份，一为"娑伽海女之真仙"，二为弥勒所化的神母，三为"迦罗大圣妃"。在大理民间将"白姐"的身份与多位南诏大理国的贵族女性联系在一起，"白姐"既是南诏前期被焚烧于松明楼的邓赕诏的诏主夫人慈善——"柏节夫人"，"柏节"与"白姐"几乎同音。而在大理喜洲镇的九坛神庙中，供奉着一位名为"邓赕白姐圣妃神武阿利帝母"的本主，

<hr />

① 侯冲整理：《大黑天神道场仪》，方广锠主编：《藏外佛教文献》第六辑，北京：宗教文化出版社，1998年，第378页。

"神武皇帝"指的是段思平，他的母亲就是"白姐阿妹"，也被称为"阿利帝"，"邓赕白姐圣妃"则指"柏节夫人"，慈善又指"白姐圣妃"，所以"邓赕白姐圣妃神武阿利帝母"将白姐阿妹、柏节夫人、白姐圣妃综合在女神"阿利帝母"的封号中。

第三章　剑川石窟文献与白族民间
宗教信仰的世俗化

　　剑川石窟三个窟群佛陀菩萨的空间布局折射了南诏、大理国时期白族宗教信仰体系的基本结构。随着时代的变迁，剑川石窟中的精神偶像继续存在于民间宗教信仰世界中。在乡间村落，随处可见一座座供奉着这些神祇的殿阁庙宇，成为了白族乡村独特的文化风景。

第一节　剑川石窟文献与白族本主崇拜

白族本主，习惯称为本境之主，简称"本主"。本主崇拜是白族特有的宗教信仰，有学者认为"经国内外学者多年研究，在中国 56 个民族中，也仅仅白族有这种信仰"[①]。杨恒灿先生将白族本主神分为"原始宗教神灵""龙神""汉唐历史人物""南诏军队高级官员""元代将官"等十三类[②]。剑川石窟中的南诏帝王和佛教天神，如第 9 号窟"细奴逻全家福"中的南诏第一代国主细奴逻，第 6 号窟"明王堂"中八大天王和第 16 号窟"大黑天神"，均被白族奉为本主。

一、帝王崇拜

第 9 号窟"细奴逻全家福"中的细奴逻在白族本主信仰中，被尊为"白郎仁正护江景帝"。巍山彝族回族自治县尚湾村（该村多为白族）、剑川县牟坪村将其供奉为本主，本主会期为农历正月十四、二月十八至二十三[③]。帝王崇拜是白族本主崇拜中的重要内容，不仅细奴逻成为了本主神，南诏、大理国时期的多位君主也享受到了一样的"待遇"。

细奴逻的儿子逻盛被尊奉为"大圣感应南显圣帝"。将逻盛供奉为本主的村庄有："巍山彝族回族自治县白族山利客村，河上湾

---

① 杨恒灿:《白族本主》,昆明：云南科技出版社，2010年，第5页。
② 杨恒灿:《白族本主》,昆明：云南科技出版社，2010年，第9页。
③ 杨恒灿:《白族本主》,昆明：云南科技出版社，2010年，第89页。

村；大理市凤仪镇乐和村，大哨村，中哨村，小哨村，大、小赤佛村，吉祥村，新村。"① 本主会期为农历正月十四，各村不一。

皮逻阁被尊奉为"阁明王""神武王""东皇景帝活佛灵应天尊"，将其供奉为本主的村庄有："洱源县大槛筛村、芑名村；弥渡县红岩乡东复村"②，本主会期为农历正月初十、八月十五。

凤伽异为劝龙晟之子，虽未即位，但仍被尊为本主，尊号为"老祖"。供奉的村庄有："大理市者摩村、巍山彝族回族自治县永利乡白族18村。"③ 本主会期为农历正月初三。

南诏第八代王世隆被尊为"景庄皇帝"，又尊称"迎风勒马景庄皇帝""爱民皇帝"，供奉其为本主的村庄："大理市凤仪镇大哨村、小哨村、万马五村、刘家湾村、石老人村、羊旺村、松林村、大草地村、万宝林村、新桥梁村、吉祥村、大卉佛村、新村、白塔里村、白塔中村、大理镇上龙龛村、下龙龛村、上兑村。"④ 本主会期为农历正月十五、六月二十五，各村不一。

南诏之后，天兴国、义宁国、大理国的国王亦被民间供奉为本主。

赵善政统治天兴国的时间为928—929年。赵善政被尊为"赵北仁天惠康皇帝"，又称"昭济仁天惠康皇帝"。供奉赵善政为本主的村庄有："大理市下关镇西窑村；剑川沙溪镇向龙额村；洱源县玉湖镇上村、文祥村；鹤庆县辛屯乡逢宓村、三贝河村、大夫屯村、师弟登村、大登村、南干弓村、任庄村、城西河村、北干

① 杨恒灿：《白族本主》，昆明：云南科技出版社，2010年，第90页。
② 杨恒灿：《白族本主》，昆明：云南科技出版社，2010年，第94页。
③ 杨恒灿：《白族本主》，昆明：云南科技出版社，2010年，第124页。
④ 杨恒灿：《白族本主》，昆明：云南科技出版社，2010年，第91页。

弓村、南乾汤村、北汤乾村、辛屯村；祥云县大波那村；洱源县凤羽草甲村、白米东村。"① 本主会期为农历正月初一至十五期间，各村时间不一。

义宁国国君杨干贞，被奉为"九化应国安邦信时景帝"，又尊称"爱民皇帝""肃恭景帝""定国安邦景帝"。义宁国政权在后晋高祖天福六年（941），被通海节度使段思平推翻。传说杨干贞在死后托梦给后人言："我是弓鱼星，降于孟郡，请塑我金身。"② 于是杨干贞后人捐资修庙，尊奉他为杨姓本主。将杨干贞供奉为本主的村庄有："大理市银桥镇庆安里村，挖色镇关邑村，鹤庆县部分村庄，宾川县茹村。"③ 各村的本主节会期不一。

大理国开国皇帝段思平被尊称为"神武皇帝""爱民皇帝""国王武宣皇帝""五峰建国皇帝"。将段思平供奉为本主的村庄有："大理市喜洲镇和乐村、鹤阳村，上关镇部分村庄；洱源县凤羽乡马甲邑村、庄上村、铁甲村、寺登村；丽江县九河乡龙登村、东河村；玉溪市元江县因远乡 9 个白族村。"④ 本主会期为农历正月十三、正月十五、二月初八、八月初十，各村不一。

在大理洱源县邓川镇下邑村、百岁坊村、上登村，将元代的大理平章政事郑回的七世孙郑买嗣、天兴国国君赵善政、义宁国国君杨干贞、大理国开国之君段思平四人供奉为本主神，其中主神为郑买嗣。本主会期为农历三月二十日。⑤

---

① 杨恒灿：《白族本主》，昆明：云南科技出版社，2010 年，第 178 页。
② 杨恒灿：《白族本主》，昆明：云南科技出版社，2010 年，第 188 页。
③ 杨恒灿：《白族本主》，昆明：云南科技出版社，2010 年，第 188 页。
④ 杨恒灿：《白族本主》，昆明：云南科技出版社，2010 年，第 190 页。
⑤ 杨恒灿：《白族本主》，昆明：云南科技出版社，2010 年，第 177 页。

皇族人员也被白族奉为本主。如天兴国国君赵善政的母亲、妹妹均被尊为本主。赵善政的母亲被尊为"应北坤灵圣母"，供奉的村庄有："洱源县玉湖镇下中村、炼城村、上中村、上村、独家村、三家村、永和村、白鹤村、南坡村、小南极村、大南极村、下龙门村。"[①]本主节会期为农历正月初八。赵善政的妹妹被称为"姑四女"，"洱源县上村、炼城村、文强村、上中村、下中村"[②]供奉其为本主神，本主节会期为农历正月初八。

大理国皇帝段思平的父亲、母亲、弟弟、远祖均被供奉为本主。段思平的父亲段宝隆被尊为"摩诃伽罗"，供奉其为本主的村庄有："大理市大理镇果子园村"[③]，本主会期为农历二月十四。段思平的母亲被尊为"诃黎帝母白姐阿妹""天应景星懿慈圣母"，供奉其为本主的村庄有："大理市喜洲镇院旁村，大理镇果子园村，双廊长育村，剑川县朱柳村、沙溪镇大麦杜村"，本主会期为农历二月初六，各村不一。[④]段思平的弟弟段思胄和堂弟段思恒、段思琮、段思贤也被尊奉为"西天得道隐显应化护国先师佑民大帝"。供奉的村庄有："洱源县凤羽乡庄上村、小庄村、银河村、金河村、花坪村、兰林村、小羊村、大羊村、新充村、岭背村、营头村、铁甲村；江尾乡马甲邑村。"[⑤]农历正月初八到十二为本主会期。段思平的远祖，南诏时期的大军将段俭魏被尊为本主，尊号为"护国佑民新王太子"，供奉其为本主的村庄有："大理市凤仪

---

① 杨恒灿：《白族本主》，昆明：云南科技出版社，2010年，第179页。
② 杨恒灿：《白族本主》，昆明：云南科技出版社，2010年，第183页。
③ 杨恒灿：《白族本主》，昆明：云南科技出版社，2010年，第117页。
④ 杨恒灿：《白族本主》，昆明：云南科技出版社，2010年，第118页。
⑤ 杨恒灿：《白族本主》，昆明：云南科技出版社，2010年，第191—192页。

镇大丰乐村、小丰乐村。"①

由上可见，白族的本主崇拜延伸到了帝王的家族成员中。帝王及其亲人成为白族世俗家庭关系的折射，体现了白族本主信仰中浓厚的人伦色彩。白族帝王本主中血亲崇拜的思想与一般本主崇拜中相似。如在鹤庆县西山黑泥绍村、竹南箐村、马厂村供奉的劳谷、劳苔被尊为创世始祖。劳谷和劳苔结为夫妇，他们把一胎生下的十双儿女按大小顺序配成双，派到十个不同的地方学习生活本领，一百天之后，十双儿女回来了。大女儿雌吾和大儿子岛锁学会了打猎，成为猎神；二女儿舍忽朵和二儿子巨鲁王取回了火种，成为火神；三女儿害脑些和三儿子岛稿学会了木匠活，成了木神；四女儿圭忽和四儿子毕什学会纺织，成了纺织神；五女儿享卓芝和五儿子班卓仗学会了织网捕鱼，成了鱼神；六女儿舞努和六儿子吉介学会了犁田种庄稼，成了农神；七女儿锁虚和七儿子岛召学会栽种果木花草，成了花神；八女儿弗整和八儿子享老学会酿酒，成了灶神；九女儿亥特和九儿子谷卓学会采药医病，成了药神；十女儿米然和十儿子细肝飘学会唱歌跳舞，成了歌舞神。这十双儿女不断繁衍创造了人类。劳谷和劳苔作为他们的父母，在鹤庆西山被尊为最高的本主，而这十双儿女也被尊为鹤庆西山各村本主。②

二、天神崇拜

剑川石窟中第 15 号窟毗沙门天王、第 16 号窟"大黑天神"

---

① 杨恒灿：《白族本主》，昆明：云南科技出版社，2010 年，第 96 页。
② 杨恒灿：《白族本主》，昆明：云南科技出版社，2010 年，第 11 页。

也被奉为本主。"目前云南所存的考古遗物中，最早的大黑天像为剑川石钟山石窟第十六号龛的大黑天浮雕。"① 这尊大黑天神南向，双足直立，一首六臂，额间有一目，三只眼睛怒目而视，鼻子宽而大，有虬髯，獠牙，神情忿怒。头戴骷髅冠，颈上佩戴两串骷髅环，一串围颈，另一串则垂至腹部，以蛇为足饰。六只手中，右边第一手持三叉戟，以骷髅与蛇缠绕，其右第二手持剑，第三手持羂索；左边第一手持层鼓，第二手持血杯，第三手持念珠。"这尊大黑天手中的持物皆有其宗教方面的象征意义。三叉戟与剑皆可外除恶魔，内绝三毒，是方便的象征；羂索可系迷惘之心；层鼓之音可以使人从愚蠢无知中觉醒；血杯代表智慧；念珠可断诸烦恼，聚集佛力。"②

白族村庄中供奉的大黑天神造像，与剑川石窟第16窟的"大黑天神"造像大同小异。或三头六臂三眼，或三头八臂三眼，或三头四臂三眼。手中所执法器主要有三叉戟、剑、人头骨钵、法铃、鼓、法螺、羂索、念珠等。颈以骷髅串为饰，手、足以蛇缠绕。腰间系虎皮裙。跣足。将"大黑天神"供奉为本主的村庄有："大理市凤羽镇庄科村、清乐村、长发村、高仑村、永乐村……占头村、上和村、鳌头村、新华村、坡脚村、新民村"，据统计，仅大理10镇有34个村、洱源9镇57个村、剑川县5个乡镇83个村供奉大黑天为本主。③ 本主会期各村不一。

① 刘黎明：《中国古代民间密宗信仰研究》，成都：巴蜀书社，2010年，第262页。

② 刘黎明：《中国古代民间密宗信仰研究》，成都：巴蜀书社，2010年，第262—263页。

③ 杨恒灿：《白族本主》，昆明：云南科技出版社，2010年，第218—219页。

在白族民间的传说中，大黑天神被人们赋予了新的内涵。大理湾桥流传的大黑天的故事是这样的：天上的玉皇听到耳目神的谎奏，认为大理百姓很坏，便命天神去散布瘟疫符章，让生灵死掉一半。天神来到湾桥，知道玉皇错怪好人，不忍人民惨死，心想莫如自己来承担，就把瘟疫符章一气吃了，霎时全脸发黑，倒在路旁。当地的蛇来医救天神，用嘴去吸瘟毒，因而在天神身上吸出了许多洞。后来人们建祠塑像，将天神奉为"本主"，因为脸黑，故称"大黑天神"。[①] 在剑川上河村的故事为：玉帝临朝发现不少大仙私逃人间，于是拨开云头观看人间。见人间一幅生气勃勃的春景，心生忌妒，不能容忍人间胜过天宫，于是叫瘟癀昊天大帝送来一瓶瘟药，派身边侍者把它撒到人间，让人间人亡畜死，树枯水干！侍者心地十分善良，不忍伤天害理毁灭美好的人间，但又不能违背玉帝圣旨，最后决心牺牲自己，拯救万方生灵，便把瘟药全喝到肚里去了。侍者被烧得黑乎乎的像个马蜂窝，跌倒在上河村的山上。太上老君把这事托梦告知村人，村人为他盖庙，奉为"大黑天神"。[②] 在这二个故事中，大黑天神奉玉皇大帝之命到人间散布瘟疫，但因看到人们生活安居乐业不忍下手，为了挽救人间，喝下了瘟药，浑身变黑而死，牺牲了自我，突显了大黑天神在救世中表现出来的大无畏牺牲精神，大黑天神为白族神话中的神仙。

---

　　① 马泽斌记录，中国作协昆明分会民间文学工作部铅印：《云南民族文学资料》第九集，1962年，第136—137页。周百里搜集整理，有大黑天神考察从善恶、告诉善心人避灾方法之情节，载《白族本主神话》，北京：中国民间文艺出版社，1988年，第33—38页。
　　② 陆家瑞记录整理：《白族民间故事》，昆明：云南人民出版社，1982年，第146—147页。

明代《三堂圣域记》对人们信仰大黑天神的宗教意义进行了多方面的阐释。《三堂圣域记》全文如下：

三堂者，三利森木之祠也。□□□□□□□□□□□之□也，故所非述文以圣域阳宪非□圣知□□千千，授记万万□□，所以放光现瑞，万法之因缘之终始，今昔流传。□□无灭陆拾□□□乃不运俱同一时也。显毗卢之智体，化迦罗之妙仪。大悲广济，除邪去恶，听敷荫覆之华，舍育利生之苦，观照护民，果愿难量。广化众生，救度□品。发弘誓愿，拯昏迷性。自汉至唐，六百余载。今于壬戌年，本村信士李品、□节、王宗，总甲杨治、段成、段太，请移土地于顶上，家家同蒙恩，富乐□愿□祈祷，祷皆从□□慈尊之嘉会，速成四德，趣乐土之玄□□□能穷，永贻后代云尔。伏愿龙天之扶祐，保人民之根基，护民稼穑，年年丰熟，永蒙圣恩，德垂玉毫，万善千祥，家家安乐。□□□通银溪乡郡，俊秀贤良，宜仕公门，聪利哲绩，更愿帝君万寿，公霸千秋，四海澄清，风雨顺时，世世生生，莫落别境，人人增寿，保守苍洱无穷也。铭曰：

三堂大圣，土地迦罗。掌握三界，镇压邪魔。利济郡生，家家快乐。护持乡俊，丰蒸稼苗。退瘟救投，如日冰消。子嗣聪秀，累世贤豪。出入倍利，公私两和。立石之后，劝善戒恶。不依碑人，切切磋磋。生生世世，永保山河。

应役里长陈应并递年里长乡老人等同立。

正统捌年岁次癸亥仲秋八月良日立。

石匠杨隆刊。

庙主张让。①

　　从碑文的叙述可知，三堂神祠供奉的是"土地迦罗"。碑言"显毗卢之智体，化迦罗之妙仪"，言三堂神祠供奉的大黑天神是毗卢遮那佛的化身。唐人一行翻译的《大毗卢遮那成佛经疏》言："所谓大黑天神也，大毗卢遮那以降伏三世法门，欲除彼故，化作大黑神。"②碑文对大黑天神的神力进行了详细描述，认为大黑天神作为土地迦罗"掌握三界，镇压邪魔"，具有"利济郡生，家家快乐。护持乡俊，丰蒸稼苗。退瘟救投，如日冰消"的神力。碑言："自汉至唐，六百余载"，这里从时间上说明村民崇奉大黑天神自汉代延续至唐代。明代信士李品等人重修了大黑天神本主庙，祈求大黑天神能够一如既往地护佑当地居民。碑言"家家同蒙恩，富乐□愿□祈祷，祷皆从□□慈尊之嘉会，……公霸千秋，四海澄清，风雨顺时，世世生生，莫落别境，人人增寿，保守苍洱无穷也。"祈求大黑天本主神消灾免难，而且可以保佑百姓的庄稼年年丰收，家庭安乐，这些祈愿体现了具有浓烈的农业社会的生活气息。从"速成四德"一语可知，人们祈望天神保佑村民具有良好的道德风尚，增添了信奉大黑天神的伦理色彩。人们还希望天神保佑本村不仅多出贤良之才，而且能够仕途进取，创建功勋，荣耀乡里。最后，希望天神能够永久地保持神力，而且不离弃本境，使得苍洱之境永享太平，大黑天神已升格成为全能的神祇。

---

① 杨世钰主编：《大理丛书·金石篇》(10)，北京：中国社会科学出版社，1993年，第44页。

② （唐）一行译：《大毗卢遮那成佛经疏》，《大正新修大藏经》第39册，No.1796，第687页。

在佛教中，大黑天梵文音译为摩诃迦罗，本为印度教湿婆神，后来被佛教密宗吸收，成为密宗的护法神，专门守护三宝，司饮食，还可授人世间富贵及官位爵禄。其示现黑色愤怒相，以骷髅为璎珞，形象一般为一面八臂、三面六臂等。《大黑天神法》言：

有大黑天神………与诸鬼神无量眷属，常于夜间游行（尸）林中，有大神力，有诸多珍宝，有隐形药，有常年药、游行飞空诸幻药。与人贸易，唯取圣人血肉。若飨祀，唯人血肉也。[①]

佛经中大黑天神是夜间游行于（尸）林中的大力神，掌管珍宝和诸种幻药，无论是与人交易或是享受祭祀均以人肉为食。佛教中的大黑天神也具有赐福的宗教神力。唐代神恺《大黑天神法》言："大黑天神者，大自在天变身也。五天竺并吾朝诸伽蓝等所安置也。有人云：'大黑天神者，坚牢地天化身也。伽蓝安之，每日所炊饭，上分供养此天。誓梦中语词之中曰：若吾安置伽蓝，日日敬供者，吾寺中令住众多僧，每日必养千人之众，乃至人宅亦尔宅也。若人三年专心供吾者，吾必此来，供人授与世间富贵，乃至官位爵禄，应惟悉与焉。吾体作五尺，若三尺，若二尺五寸亦得通免之。肤色悉作黑色，头令冠鸟帽子，悉黑色也。令著绮，驱塞不垂，令著狩衣，裙短袖细，右手作拳令收右腰，左手令持大袋，从背令悬肩上。'其袋之色为鼠毛色，其垂下裋余臀上。如是作毕，居大众食屋礼供者，堂屋房舍必自然之荣，聚集涌出。"[②]

① 《大正藏》，第 21 册，第 356 页。
② 《大正藏》，第 21 册，第 355 页。

这段文字言人们若能三年专心供奉大黑天神，便可获得其授予的富贵、官爵、利禄。其造像特点是通体黑色，头戴之冠也为黑色等，如在屋中供奉大黑天神，也会庇佑人们基业繁荣、加官进爵、家道兴盛。

可以看出，白族本主大黑天神与佛经中大黑天神的宗教形象有着巨大差异。大黑天本作为佛教中的护法神，在白族民间宗教信仰中其形象已经发生改变，被人们重新定位为正义和大无畏精神的化身。正如《三堂圣域记》所言，大黑天神具有了更多的世俗性，这也是大黑天神在白族民间广受崇拜的原因。

三、本主崇拜的心理探析

白族将帝王奉为本主，多因其造福百姓。"细奴逻在位期间，清正廉洁，处处为百姓着想，发动百姓开渠造田，发展生产，深受百姓爱戴"[1]。逻盛"在位期间为蒙舍诏的社会进步、为人民群众的生产、生活的发展，做了很多好事，深受人民的爱戴"[2]。这是人们崇拜细奴逻的原因。人们敬奉皮逻阁是因为他"是南诏历史上最杰出的君王，开元十六年（728），皮逻阁合六诏为一，建立南诏，统一了洱海地区，并征服了爨部，统一了云南东部原爨氏统治地区，为南诏的立国奠定了基础。他在位期间，组织百姓盘田、耕地，发展生产，改善人民生活，深受人民群众的爱戴"[3]。

不仅如此，白族帝王本主崇拜中还有不念旧恶的情感。如南诏第八代王世隆，一方面"他在位时，曾亲自领兵打败了前来掳

① 杨恒灿：《白族本主》，昆明：云南科技出版社，2010年，第89页。
② 杨恒灿：《白族本主》，昆明：云南科技出版社，2010年，第90页。
③ 杨恒灿：《白族本主》，昆明：云南科技出版社，2010年，第94页。

掠南诏青年妇女、牛羊财物的唐朝兵马，给百姓赐地修沟，帮助百姓发展生产，深受百姓爱戴"。但另一方面，"世隆即位以来，虽然无岁不战，唐王朝为之虚耗，也发展了大理的生产。可是南诏也被战争拖得疲惫不堪"。[①] 但白族仍将其崇奉为本主。如天兴国的建立者赵善政原为"大长和国"清平官，在剑南节度使杨干贞扶持下，灭了"大长和国"，建立"大天兴国"，在 927 年即位。十个月后，又为杨干贞废，"大天兴国"政权灭亡。赵善政虽然只当了十个月的皇帝，但他十分孝顺。赵善政对他母亲十分敬重，临终前，他留下遗言："我活时和我母亲一起，我死后，请你们把我葬在母亲身边。"[②]

白族对帝王的尊奉延伸至帝王的家庭成员。在人们的信仰中，本主神和普通人一样有家庭，有儿女，也和平常人一样生活。帝王本主的配偶也被白族尊奉，成为与帝王配偶神。

如细奴逻的后妃金姑被尊为细奴逻的配偶神。细奴逻和金姑被共同尊奉，并列于神台之上，与剑川石窟第 9 号窟"细奴逻全家福"中细奴逻和后妃的造像一致，再现了南诏王世俗家庭关系和生活场景。这无疑是在告诉人们，神与人一样，不是一个孤独者，而是享有家庭的和睦和快乐的。

在洱源县凤仪屯户村、上寺村、义和村、松发村、大建村均供奉着"卫国佑民弘道圣帝和妻子"[③]。卫国佑民弘道圣帝本为南诏时期的一位官员。他的妻子路过洱源，见到这里没有牛犁田、没有马驮柴，全靠人力拉犁、背柴，生活十分贫困。回家后，妻

① 杨恒灿:《白族本主》，昆明：云南科技出版社，2010 年，第 91 页。
② 杨恒灿:《白族本主》，昆明：云南科技出版社，2010 年，第 179 页。
③ 杨恒灿:《白族本主》，昆明：云南科技出版社，2010 年，第 126 页。

子把看到的情形告诉丈夫。她的丈夫回答如果真是这样，你把我积攒的全部钱文拿去送给他们，叫百姓买些马、牛发展生产。这位妻子照丈夫的话，把钱送到村子分发给百姓，让他们买牛、马发展生产。这对夫妇与世长辞后，这里的百姓为了感谢他们的恩德，奉他们为本村的本主，享受百姓永久的祭祀。

刘昭随、赵秀明分别因戍边屯兵有功，与其配偶一起被供奉为本主。

刘昭随是明朝南征到大理的高级官员，他率领部分军民驻在七里桥一带一边练兵，一边屯田。刘官厂背靠苍山，面对洱海，苍山流淌下来的溪水终年不断。年迈解甲的官兵们在这水秀土沃之地谁也不想离开。刘昭随与世长辞后，在刘官厂繁衍生息的征南官兵的后代为他建庙塑金身，尊奉为刘家祖宗本主"护国安邦信时景帝"，永享百姓的祭祀。[①] 赵秀明也是明朝征南军队的高级官员，来到大理凤仪后被任命管理民屯的官员。他组织百姓开荒种粮，百姓安居乐业。赵秀明深受当地百姓的爱戴。赵秀明去世后，百姓为他建庙塑金身，尊为祖宗本主，享受祭祀。赵秀明的尊号为"燮理天机应物景帝"，供奉村为大理市凤仪镇芝兰村，本主会期为农历九月初九。[②]

杨科章祖籍南京应天府，明殿披戴金甲，武艺高超。因个性刚烈，冒犯龙颜，遭降罪充军到南蛮流落到兰坪，他选中凤凰山麓定居。后来与剑川白族女子杨氏结成伴侣，两人在凤凰山麓辛勤耕耘，繁衍生息。本邑祖先原共居有杨、吴、姜、段四大姓，

① 杨恒灿：《白族本主》，昆明：云南科技出版社，2010年，第259页。
② 杨恒灿：《白族本主》，昆明：云南科技出版社，2010年，第262页。

后皆统一为杨姓。杨科章对该村的生产、社会发展作出贡献，后人怀念他的功德，为他建庙塑金身，尊奉为村本主。杨科章的尊号为"大圣杨科章"，供奉村为兰坪白族普米族自治县金顶镇金凤村，本主会期为农历八月初五。①

以上所列的四位本主"卫国佑民弘道圣帝""护国安邦信时景帝""燮理天机应物景帝""大圣杨科章"及配偶一起被奉为本主。"护国安邦信时景帝"刘昭随本主及本主娘娘的造像端坐在神台上。刘昭随本主的塑像内着铠甲，外罩大红绣罗袍，威武中透出慈善。本主娘娘则面带微笑，身着粉色袖袍，双手迭握于胸前捧一寿桃。他们的肩上都覆着大红棉布披肩。左右两边站立两位童子，手托大印及文书。"燮理天机应物景帝"赵秀明本主及本主娘娘造像为坐像。赵秀明本主身着大红绣罗袍，头戴盘龙官帽，双手执黄色笏。本主娘娘内着绿襦外着灰色罩衣。本主和本主娘娘均神色和悦。"大圣杨科章"及本主娘娘的塑像也为坐像，面容慈善。另外还有如"护国安邦景帝"②"贵州都督将军新王太子"③"漏合舍子金甲五云登光景帝"④"大圣需民景帝"⑤等本主也和本主娘娘一同供奉。

在民间流传着本主和配偶神的动人传说。细奴逻和后妃的故事是这样的：细奴逻的后妃金姑是白子国王张乐进求的第三个女儿，又叫三公主。三公主不仅美丽聪明、活泼开朗，而且从小喜

① 杨恒灿：《白族本主》，昆明：云南科技出版社，2010年，第357页。
② 杨恒灿：《白族本主》，昆明：云南科技出版社，2010年，第261页。
③ 杨恒灿：《白族本主》，昆明：云南科技出版社，2010年，第264页。
④ 杨恒灿：《白族本主》，昆明：云南科技出版社，2010年，第265页。
⑤ 杨恒灿：《白族本主》，昆明：云南科技出版社，2010年，第275页。

欢外出游玩。长大后，三公主仍经常出宫玩耍，张乐进求屡次教管，但无用。气急之下，张乐进求就把三公主赶出家门。有一天，金姑被人追赶，危难之时，细奴逻出手相救，金姑见细奴逻一表人才，便嫁给了细奴逻。细奴逻在位期间，清正廉洁，发动百姓开渠造田，发展生产，深受百姓爱戴。在细奴逻和金姑去世之后，他们双双被尊奉为本主。细奴逻本主会期为每年农历正月十四。"三公主金姑"本主会期为每年农历二月十八至二十三，在这期间，男女老少结伴而行，一路吹着唢呐，唱着白族调子到巍山和尚湾村的金姑庙接金姑回大理过"本主节"，四月初又把她送回巍山，这一祭祀活动又被称为"绕三灵"。

　　正是因为"善良的崇拜者总不愿让他们的精神偶像，在空荡的庙中忍受孤独的冷清"，[①] 白族本主与配偶神的塑造，成为村民们世俗生活的写照，体现了白族本主崇拜中最具有人情味的一面，"神人同构"的理念也使得人们产生了心理上的最大认同。这种心理认同与中国古代的思维方式契合。"中国古代的思维方式，我把它称为'同源同构互感'。意思是说，在古代中国的意识里，自然也罢、人类也罢、社会也罢，它们的来源都是相似的，它们的生成轨迹与内在结构也是相似的，由于这种相似性，自然界（天地万物）、人类（四肢五脏气血骨肉）、社会（君臣百姓）彼此对称，这些对称点都有一神秘的互相关联与感应关系。"[②]

---

　　① 杨郁生：《白族美术史》，昆明：云南民族出版社，2005 年，第 315页。

　　② 葛兆光：《古代中国的思想与宗教》，北京：北京师范大学出版社，2006 年，第 43—44 页。

四、白族本主崇拜仪式

经过历史的积淀，白族本主崇拜形成了一定的仪式。白族村落中，一般是一村供奉一位本主，少数为两村或是几个村子供奉一个本主。本主庙也是一村一庙，少数是两村或三村一庙。本主庙多半修建在村头的山麓和水边，不仅景色幽静，绿荫环绕，周正壮观，而且本主庙的门窗多半根据村庄居住朝向有坐东朝西、坐西朝东、坐南朝北、坐北朝南四向。本主庙的建筑形式一般由门楼、主殿、耳房、戏台组成。在本主堂中神祇的位置也有相应的讲究。如下所示：

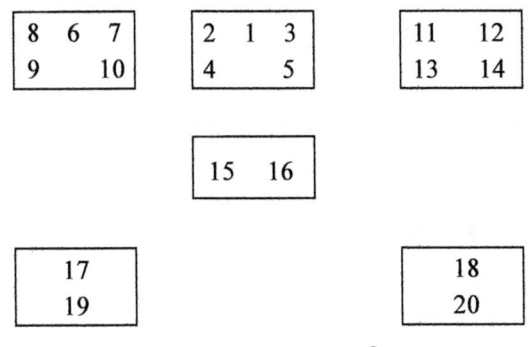

本主堂神祇位置图[①]

1. 主神；2和3. 主神妻妾、子、孙或亲戚朋友；4. 男接引童子；5. 女接引童子；6. 圣母娘娘；7. 子孙娘娘；8. 送子娘娘；9. 痘哥；10. 痘儿；11. 天公地母；12. 六畜大王（白衣将军）；13. 招财童子；14. 利市仙官；15. 文官；16. 判官；17. 左牵马神；18. 右牵马神；19. 放鹰猎人；20. 财神。[②]

每一年村中都会举行盛大的本主会，时间一般为本主的诞辰、

①　杨恒灿：《白族本主》，昆明：云南科技出版社，2010年，第377页。
②　杨恒灿：《白族本主》，昆明：云南科技出版社，2010年，第377页。

忌日或是有特殊意义的纪念日。祭祀本主的活动一般分为三个步骤。一是"迎神"——接本主。在村中祭祀人员的带领下，人们前往本主庙迎接本主和他的亲属、侍从等，到村中与村民一起过节。具体仪式为先向本主敬献匾额、彩旗、对联，之后烧香、磕头，唱《请神歌》。随后，在众人齐唱《起驾调》的歌声中，人们为本主换上头盔龙袍，将本主从神龛上抱进轿子或是木轮车中。待本主入轿后，领头人把庙内的执事牌、彩旗、黄龙伞分给青年男子执掌，随即手击铜锣，唱《颂神歌》，带领迎接本主的仪仗队拥护本主出庙。本主被接到村中后，被供奉在用白粟、松枝和布幔搭成的棚子中，内设神坛。这作为本主的"行宫"，可以安排在村头或是私家大院中。二是"娱神"。本主供奉的"行宫"前的天井或是广场上，由经母组织村里莲池会和老年协会的成员，不分白天黑夜地进行念白语经、弹洞经乐、唱戏等民间文娱活动，意味着本主和百姓一起娱乐。从本主接到村里的这天开始，村中人家家如同请客过年一样的热闹。三是送神——"归庙"。本主节过完后，人们把本主送回本主庙中，才算是接本主（过年）完毕。[①]

据调查大理市、洱源县、剑川县、鹤庆县、云龙县、漾濞县、祥云县、宾川县、弥渡县、巍山县、丽江部分乡镇、兰坪县、昆明西山区太平镇及南华县、玉溪元江县因远镇、施甸县以及省外白族聚居区内约七千个村庄建有本主庙1723余座，占被调查村庄的80%左右。[②]村中本主庙建于唐、宋、元、明、清等不同的时期。"世俗化的宗教和把宗教世俗化的白族本主造像，决定了世俗

---

① 杨恒灿：《白族本主》，昆明：云南科技出版社，2010年，第386—387页。

② 杨恒灿：《白族本主》，昆明：云南科技出版社，2010年，第393页。

人情味很浓的造型。本主的原型都来自现实生活，是穿上了古代服装或戴上官帽的人，亲切、自然、朴实、可信，很少有佛、道的狼牙豹目，多手多眼，不食人间烟火的超凡脱俗。"[①]剑川石窟中的"'本主崇拜'题材所具有的白族古代文化内涵，不仅表现了宗教的世俗性，而且也反映了石窟艺术的地方性。以此而独殊于中国其他的石窟造像题材"，[②]这与白族民间本主崇拜形成呼应。

---

① 杨郁生:《白族美术史》，昆明：云南民族出版社，2005年，第316页。

② 刘长久:《中国西南石窟艺术》，成都：四川人民出版社，1998年，第149页。

第二节　剑川石窟文献与白族女性崇拜

在剑川石窟 16 窟的造像中，第 7 号窟"甘露观音"、第 8 号窟"阿姎白"、第 9 号窟"细奴逻全家福"中均出现了女性造像。这些造像的出现，折射出白族宗教信仰中的女性崇拜思想。

一、剑川石窟中的白族女性崇拜

第 7 号窟"甘露观音"端坐在莲台上，"丰满端庄的体态，眼梢嘴角似笑非笑，全身的姿态在安静中显出轻微的动态，肌体柔和，质感很强，使整个造像显得极为尊贵。"[①] 第 8 号窟"阿姎白"乃女性生殖器造像，在其左右两侧雕造二天王造像及线刻毗卢佛和菩萨造像，"阿姎白"为众多佛、菩萨造像所环绕，与佛陀菩萨一样享有尊贵的地位。第 9 号窟"细奴逻全家福"中后妃金姑，被白族民间尊奉为本主。这三窟造像，题材有异，但她们与石窟中男性佛陀、菩萨造像并列，象征了白族民间信仰中女性与男性同等的地位。

首先，"阿姎白"、细奴逻后妃"金姑"造像喻指白族女性的繁衍之功为世俗社会认同，并具有神圣性。

"阿姎白"是女性生殖器的形象。而"全家福"中的金姑造像，则是取自于南诏的历史。在细奴逻的家庭中，金姑既是妻子

---

① 云南省剑川县体育文化局编:《南天瑰宝——剑川石钟山石窟》，昆明：云南美术出版社，1998 年，第 40 页。

也是母亲，她与细奴逻孕生了蒙氏的后代，繁衍之功不可磨灭。

在白族本主崇拜中，我们可以看到人们对女性繁衍之功的崇敬。在漾濞县大脉地乡白族大脉地村、安南村、银甲村供奉着"苍山皇帝圣母娘娘"，她是当地百姓尊奉的女性始祖。由于年代久远这位圣母娘娘的生平不可详考，民间流传苍山皇帝圣母娘娘的故事。远古时候，这位坚强的白族妇女，带着两个幼子从云龙的上关逃难来到大理的大脉地村，见到这里川明景秀，土地肥美，便在这里结庐定居。后来，她的大儿子娶妻并移居到距离大脉地村不远的登头村垦荒创业，死后便成为登头村的本主，尊号为"安龙景帝八王天子"。这位母亲和小儿子一直在安南村和大脉地村一带生活，成为当地白族的始祖。在这位母亲去世后，她的儿孙为了纪念她，就为她建庙塑金身，并尊奉为本地的最高本主。

大理国开国之君段思平的母亲孕生了段思平兄弟，段思平立国以后将其母尊奉为"天应景星懿慈圣母"。明代的《三灵庙记》碑言："□□帝先王思平丁酉岁立位，国号大理，建灵会寺，追封母曰天应景星懿慈圣母。"[①]《僰古通纪》也记载段思平的母亲杨桂仙娘，其"泛而为神，屡著灵应，封为榆城宣惠圣国"[②]。虽然这两段文字中段思平之母的封号有异，但都表明了段思平母亲神圣的地位。"大理市喜洲镇院旁村，大理镇果子园村，双廊长育村，剑川县朱柳村、沙溪镇大麦杜村"为供奉村，本主会期为二月初

---

① 杨世钰主编:《大理丛书·金石篇》(10)，北京：中国社会科学出版社，1993年，第49页。

② 尤中校注:《僰古通纪浅述校注》，昆明：云南人民出版社，1988年，第100页。

六。①

白族本主崇拜中不乏男性作为女性本主神的配神供奉的情况。

如"白王三公主"又尊称"福国圣母"，她为鹤庆县上、下曲罗邑村及高家登村的本主神，本主会期为农历二月十六。白王三公主，嫁牟迦陀祖师为妻。祖师开辟鹤庆成功后送她回大理，三公主走时带了些花籽，沿途边走边撒，一直撒到马耳山脚。这些花籽是万寿菊的种子。三公主因协助牟迦陀祖师开辟鹤庆有功，她去世后，当地百姓为她建庙塑金身，尊奉为本村本主。②白王三公主本主庙的神台上，三公主造像与牟迦陀祖师、大黑天神的塑像并排端坐于神台上。三公主的造像较之牟迦陀祖师、大黑天神更为高大，且在居主尊位置。

如果说剑川石窟中"阿姎白""金姑"在一定程度上显现了世俗社会中女性的形象，那么第7号窟甘露观音这一女性观音形象的出现，则具有超凡脱俗之美。民间流传着很多观音的故事，突现了观音的超凡脱俗。

除了观音伏罗刹的故事外，"观音负石阻兵"的故事也广为流传。民间文本《三迤随笔》载观音故事三则，如下：

东汉光武派张骞出使大夏，道经叶榆。时，洱河部酋赵黎佑于神祠祭求土主。主以火花示曰："有神佛助无妨，位西南可得，求之得安。"黎佑信，至南方，西向有水泽，于路口见一老妇，乞食于道，黎佑分食施之。妇饿极，食不足，黎佑尽与之。妇食尽

① 杨恒灿：《白族本主》，昆明：云南科技出版社，2010年，第118页。
② 杨恒灿：《白族本主》，昆明：云南科技出版社，2010年，第85页。

曰："阿弥陀佛，吾不能白食，当助汝退敌。"时张骞部将领兵至，老妇以佝偻之躯现，负一丈二巨石，重数万斤，缓步而行。众汉兵将行至，见大惊，问："年几旬？"妇通汉语曰："足八十。"又问："负石何为？"曰："诺大一个水塘在路边，行走不方便，把水塘填平，方便来往行人，夜行不误入水塘。"又问："有无儿女？"曰："有。儿孙们力更大，都能打仗，正在练武。所用刀棍重千斤，他们善用石头打人。"妇言毕，拾起路边一斗大百斤石，顺手掷之十余丈。汉军大惊失色，而退军。后张骞至，与洱河酋修和。河酋受汉封赐，属永昌郡。余观蒙氏史，多载观世音度世救民事，负石事多有记载，而《清平官记事录》惟此记为准。又有汉军要羊千双，而不足五百。观音知，化石以足数，交汉军，曰："赶羊者勿回头。"赶羊者弗信，行十里。一卒回首，中五百羊化为顽石。于妇负石南河滩，曰："石羊群"。至今顽石犹存，而石形皆如羊群，千姿百态，远观如群羊赶路。又汉初，洱河多水怪。河西有水怪，色金黄似牛，常化男子以私人妇，众苦之。一日，来一少女，有美色，曰愿除水怪。女至洱河引怪出，怪见女欲私之。女以美肴献之曰："先食后玩多好。"怪信而食，味美极。女又进一油煎物，状似黄鳝，奇香，入口而动，尾如钩，穿其鼻如钩而心恶，呕吐物落地而化金练一堆，拴其鼻。女以咒而现怪原形，为金牛，沉怪于海，而拴金牛于海心崖柱，至此而怪息。盖女本观世音菩萨所化。至诏初，蒙氏于罗荃寺东南，建观音院。中塑观音为少女像，手提鱼篮，旁伏金牛，海浪滔滔，世称伏魔鱼篮大士。①

　　这里所载的第一则轶事为观音帮助洱河部酋长赵黎佑退汉兵之事。故事发生的时间为东汉，文称当时汉使张骞带兵出使大夏，途经南诏。恐有战事发生，洱河部酋长赵黎佑向土主（即本主）求救，本主昭示向西南方行，可获得神助。赵黎佑依照神示而行。途中，赵黎佑施舍路边乞食的老妇所有食物。老妇吃完食物后告诉赵黎佑将助其退兵作为回报。正在这时候，张骞率领的汉军到达，老妇以佝偻的身体背负起直径一丈二、重数万斤的巨石，缓慢前行。汉兵见状，大吃一惊。汉兵向老妇询问了年纪，又问她背这块大石头有何用途以及有没有儿女等问题。老妇回答自己已经八十岁了，因为前方有水塘，所以背这块巨石去充填，方便夜行及往来之人。说起自己的儿孙，老妇言他们的力气很大，都能打仗，正在练武，用的刀棍都有千斤之重，而且善于用石头打人。说完后，老妇拾起路边一块百斤重的巨石，随手将之扔到百尺之外。汉军见状，极为震惊，于是引兵而退。张骞到洱河部后，与赵黎佑酋长修和示好。赵黎佑酋长接受了汉朝的敕封，洱河部划归永昌郡管辖。故事中的老妇乃观音所化，她以身负巨石之举达到了不战而屈人之兵的作用，使得洱河部的百姓免遭战争之

　　① 大理州文联编：《大理古佚书钞》，昆明：云南人民出版社，2001 年，第 61—62 页。东汉光武帝执政期为公元 25 至公元 57 年。张骞（前 164 年—前 114 年）为西汉人，这则民间故事中开篇即言"东汉光武派张骞出使大夏"，时间与史不符，但对故事彰显观音神力无大碍。同时，也体现了民间故事的通俗性。

苦。①

第二则轶事亦显现了观音的神力。汉军向大理百姓征羊一千头，但百姓上缴的不足五百只。为了凑数，观音帮助羊倌点化石头变成羊，并告诉羊倌赶羊的时候千万不要回头。而羊倌不相信，行走了十里路回头看羊，结果羊都化成了石头。在这则故事中，观音以法术点化石头为羊，成为帮助百姓对抗汉朝政府不合理的征收制度的"义士"。

第三则轶事发生的时间也在汉代。在洱海西边有一金黄的牛怪，常常变化为男子祸乱女性，百姓苦不堪言。一天，不知从何处来了一位美艳的少女愿意为百姓除怪。少女先以美味佳肴吸引牛怪，并让水怪吃下了形状像鳝鱼一样的油煎食物。这条状食物进入水怪肚中却变成了一条带钩的金链，少女借机用金链将牛鼻拴住，使得牛怪动弹不得。少女念咒语让水怪现出原形，并将其沉入海底，拴在海心的崖柱上，从此水怪之患消停。故事中这位勇敢而智慧的少女乃观音的化身。南诏年间，南诏王在罗荃寺东南边修建了观音院，中间塑造了少女观音像，她手中提着鱼篮，旁边伏着金牛，被世人称为"伏魔鱼篮大士"。

以上三则故事中，观音幻化为人间女性形象，帮助人们斩妖除魔，脱离危难，安居乐业，不受战争的侵扰。这些观音幻化的女性勇敢、智慧、助人为乐，深受人们爱戴。在很多被供奉为本主神的女性身上，也具有这些崇高的精神品质，可以说她们就是观音在现实生活中的"化身"。

---

① 观音负石阻兵的巨石在今大理的观音堂。观音堂又名大石庵，距离下关十里。

海东镇文笔村供奉的本主是阿亮的母亲。阿亮是独生子，父亲早逝，与母亲相依为命。邻国派兵攻打南诏，阿亮为国从军，建立赫赫战功。因负伤掉队，在百姓家中养伤，反被奸臣诬告叛变投敌，阿亮的母亲怒斥奸臣冤枉阿亮。南诏王听信谗言，将阿亮的母亲杀死。后来南诏军队凯旋，阿亮回到朝廷。南诏王对误杀其母一事追悔莫及，于是追封阿亮之母为文笔村本主。阿亮去世后，被一起供奉为本主。阿亮母亲的尊号为"开国救民道德圣母救生景帝"，阿亮的尊号为"五国威权相国景帝"，又尊称为"玉案宝山相国景帝"，本主会期为农历三月初八和七月二十三。[①]

南诏邓赕诏的慈善妃、元代的阿穗公主也被尊为白族的"本主神"。在大理北门村和西门村的柏节祠供奉着慈善妃，其塑像是一位戎装的女战士，左手握着其悲剧命运的见证物——铁钏。在德源城（今洱源县邓川镇），建有慈善妃庙，在庙中的墙壁上悬挂了一幅幅精心绘制装裱的图画，描述了慈善妃的故事。在剑川县甸南镇丁卯村出土的明代成化六年（1470）的"卫国圣母与梵僧观音"石雕，座中刻有文字："大圣威静边尘卫国圣母"及"南无建国梵僧观世音菩萨"，这两个雕塑民间俗称为"观音老爹"与"观音老母"。根据民间收集来的随祭"诰文"载："志心皈命理，昔降生于伪国，应懿诏死，威灵着于边城，谥号曰圣母，棚楼尽忠孝之全，义范冷冰霜之洁，忠贯日月，德秉乾坤，一川永赖于鸿恩，万姓同叼于惠泽，职掌风云雷部，辅扶旱涝权衡，有求必应，有感皆通，大悲大愿，大圣大慈，大圣本主威靖边尘卫国圣

① 杨恒灿:《白族本主》，昆明：云南科技出版社，2010 年，第 121 页。

母。"① 其中，"栅楼尽忠孝之全，义范冷冰霜之洁"，是对邓睒诏慈善妃守城不降绝食而死气节的赞美。可见在民间，慈善妃由王妃变身为本主神，具有了崇高的宗教身份。慈善妃的故事成为今天白族全民性节日火把节的主题传说，至今白族女性仍然保留了用凤仙花染红指甲的方式，来表达对慈善妃为寻找丈夫遗骸，十指流血的纪念。在白族民间戏曲大本曲、吹吹腔中，慈善妃的故事成为传统剧目之一。

元代的阿禧公主亦为后人供奉为本主。据腾冲娘娘庙清光绪四年（1878）重建时许福云撰《汉景本末碑序》载阿禧公主"殉节既殁，归葬大理，土人思功夫妇不能忘，立祠以祀奉之为神。凡有祈祷靡不灵应。前明正统元年，兵部尚书王公讳骥，奉命征麓川思任氏。天兵南下，先驻师大理城，夜梦神告之曰：'吾夫妇愿从将军南征，阴中助战。'王尚书寻土人问其神姓名，寻谒，果如梦中所见，于是抬神像随往，所至皆捷，事闻（明）英宗皇帝，敕封汉景文帝，享祀来凤山，封其妃阿禧公主为球侔山天妃元君圣母。腾人祈求嗣续，应之如响，至今为灵祠焉。"② 这段文字言段功死后，阿禧公主殉节而死，归葬大理。大理人为纪念他们夫妇，修建祀庙祭祀，将他们奉为神灵，民间传说但凡祈祷必定灵验。传说明代正统元年（1436），兵部尚书王骥征讨麓川思任氏，先到大理驻兵。王骥夜晚休息时，在一位神仙托梦告之愿意随其军征思任氏，并暗中助其取胜。王骥便向当地人询问神仙的姓名

① 杨政业：《"卫国圣母与梵僧观音"石雕造像辨》，《大理文化》第4期，1993年，第56—58页。

② 张锡禄：《元代大理段氏总管史》，昆明：云南民族出版社，2006年，第190—191页。

并找到了阿嬷公主夫妇的祠庙，与梦中所见一致，便请出神像随军作战。如梦中所言，王骥每战必胜。后来王骥向英宗上奏此事，英宗封段功为"汉景文帝"，阿嬷公主为"球侔山天妃元君圣母"。

在白族本主崇拜中还有其他很多的女性神。如体现自然崇拜的五谷娘娘、水泉女神、龙母、凤凰女神；体现祖先崇拜的劳泰；体现对生育、繁衍的女性神灵"九天卫房圣母""送子娘娘""阿利帝母""三霄圣母"，等等。据统计，大理县77个村的本主神有21位女本主、39位男本主①。这一统计数据说明白族本主崇拜中女性神具有几乎和男性神一样的崇高地位，"在白族的本主文化中，男女本主平分秋色、共享祭祀的现象，是白族本主世界的一个重要特征"②。

---

① 徐嘉瑞：《大理古代文化史稿》，昆明：云南人民出版社，2005年，第247页。

② 金少萍：《宗教文化中的社会性别建构——白族女性与本主崇拜》，《中央民族大学学报》（哲社版），2008年第1期。

第三节　剑川石窟文献与白族自然崇拜

剑川石宝山峰岭、山坡、沟谷间多处山峦骨架有较大面积的细砂质红色岩石分布，这在滇西甚至整个云南省也属于罕见，地质学家称之为"宝相寺组"。剑川石窟雕凿在石宝山特有的红砂石上。这自然而生的红砂石不但是石窟雕凿的自然基础，在人们的信仰中也成了白族人崇拜的对象。

一、红砂质石崇拜

在剑川县沙溪南门村供奉着"红砂石大王"。关于这位"红砂石大王"，民间流传着这样一个故事。

一千多年前，剑川沙溪黑惠江东岸的南门村里，有位九十九岁的老奶奶。有一天，她到东山云收帚子，捡到一块巴掌大的方块红砂石。这石头一会儿金亮金亮，一会儿银亮银亮，细心一看，又是红亮红亮，十分逗人爱。老奶奶想：我快活到百岁了，还没见过这么稀奇可爱的石头，带回去摆在堂屋里，比花瓶还要美；就是给几个曾孙玩玩，也够他们喜欢的哩！她拿定主意，把红砂石放在背篮里，又把帚子轻轻放在上面。然后，把背板往肩上轻轻一扣，也不套"顶额带"，就轻轻飘飘地背回家去了。

谁知走一截，重一截，越往村子方向走，背子越重。老奶奶自言自语地说："我一生这么重的东西没背过？为何小小砂石这么沉？难道你是仙家的东西有神力吗？"她一步一步吃力地走着，朝着南门村走去。到了村后的一个高坡上，实在背不动了，就把背篮搁放在歇肩石上。她先把帚子取出来，再去端那块红砂石时，只见石头长大了，大得挤满了背篮。老奶奶只好用围腰兜着帚子，把背篮放在那垛歇石上，回家去了。

她回到村子里，向大家讲了这件奇怪的事情。第二天，大家就去看那块红砂石，都说："这实在是一块奇特的石头。"随后，就由几个大力气汉子，把石块从背篮里搬出来，供在那垛歇石上，再由南门、西门两村乡亲砍木料，烧砖瓦，筑围墙，盖起了一座庙宇，把石块尊为"红砂石大王"，作为全村本主。

从此以后，两村百姓的日子一年比一年好，真是四季安乐，五谷丰登，六畜兴旺，十分欢乐。这消息像清风一样，吹遍沙溪十八村寨，像云彩一般，飞向四面八方。附近村落都羡慕百岁老人给两村乡亲背回的这块"安乐石"。

消息传到山那边的一个村子里，几个小伙子暗中商量去把这块红砂石偷回来供起，日子也一定会好起来。小伙子们做事情，说干就干，他们一行八人，连夜赶到南门村庙里，悄悄扛走了这块红砂石。

西门、南门两村的人，第二天一早前去敬香，发现"红砂石大王"被偷走了。于是，两村老小一齐出动到处去寻红砂石的下落。

人们找到江东面的这个村子里。小伙子们觉得藏不住了，就慌忙把红砂石丢到江里去。谁知这时的"红砂石大王"却又轻得像树叶子一样，漂浮在水面子上，按下又浮了起来。西门、南门两村的乡亲们认准了浮在水面子上的红砂石是两村托福保佑的本主大王，便七手八脚，下到水里，把它捞了出来。扛回村中的本主庙里又供起。后来，又请来石匠，刻上了龙王的像，说是只有龙王石，才能在水面子上浮起来。

可是，经过这番周折，"红砂石大王"不再像从前那样灵验了。庄稼也不像从前那样，好一年，坏一年，日子也过得平淡下来了。只不过沙溪坝子和西山上的石头，从此都变成了一色的红砂石，好雕花，好雕像，凿起来软绵绵的，但镶砌起来，又是硬邦邦的，成为沙溪地方建筑的好材料。①

石宝山红砂岩本是古海洋水域深浅不同地带的沉积物，到新生代第三纪喜马拉雅造山运动后，海洋水退去，横断山系出现，古海洋留下的大片沙滩，在地表不断的演变下，渐次结成岩石，又因地表褶皱，形成沟谷山峦高低的裸露岩体，加上长年累月的风化，就形成纹理斑驳、姿态万状的大小奇石。②然而，在"红砂石大王"的传说中人们编织了充满神话色彩的故事。故事中的红砂石自由生长不断变大，或是可以浮于水面，均表明其有着人力不可改变的自然性。

与人们对"红砂石大王"的崇拜相似，在白族民间崇拜石头的情况不少。如云龙县白石镇云开片村供奉着"白崖天子"——一块白石。这块"白石"化身为一位白胡子的老人，托梦给村民说如果将自己供奉，就会确保村中生病的羊平安无事。放羊的老人从梦中惊醒一看，梦见的白胡子老人不在了，只见一块白石头。于是将梦告诉了乡亲，村里派了几个年轻人将这块石头抬回村中

---

① 杨恒灿主编：《神奇的白族本主》，昆明：云南科技出版社，2011年，第213—214页。

② 杨延福：《剑川石宝山考释》，昆明：云南民族出版社，1999年，第7—9页。

尊奉为本主。[1]

在云龙县白石镇云顶村、大壁村、银子长村、得未士村、松登村还供奉一块黑石本主，尊号为"黑岩赫威"，本主会期为农历正月初八至十五。关于这位本主有这样的传说：有一天，大壁村有位老人做了一个梦，梦见一块黑石头变成一老人，这位老人对他说："我就是你们村的本主，你们要把我接回你们村去，我才保佑你们。"第二天，老人领着村里的人去找，最后找到了他梦见的石头。大家把石头抬回村，盖了庙，把石头供奉在庙中。后来，根据老人的回忆，把这块梦中的"黑石"塑造成了人像，接受百姓祭祀。[2]在剑川县象图乡象图村则供奉着"黑岩神"，又称为"大圣黑岩景帝"，本主会期为农历二月初八。[3]大理市湾桥镇内官村供奉着"青崖应祉保邦大王"便是观音伏罗刹故事中张敬的三太子。他被张敬封为湾桥内官村的本主后，变成了一块大石头，滚到内官村托梦于村中人，告诉村民他是本主。后来内官村村民为这块大石头盖庙塑金身，享受永久祭祀。[4]

除了石头之外，很多自然物都被白族纳入神祇中。

世居在大理坝子的白族依洱海而居，位于洱源的弥苴河及其周边大大小小的湖泊是洱海的入水源头。而苍山十九座山峰每两峰之间流淌的十八溪水，清澈甘冽，常年注入洱海。洱海水位东高西低，向西流出，从西洱河流出，汇入漾濞江。洱海和大理坝子中的大小湖泊河流就像母亲一样为白族世代的生存提供了不可

---

① 杨恒灿：《白族本主》，昆明：云南科技出版社，2010年，第2页。
② 杨恒灿：《白族本主》，昆明：云南科技出版社，2010年，第3页。
③ 杨恒灿：《白族本主》，昆明：云南科技出版社，2010年，第4页。
④ 杨恒灿：《白族本主》，昆明：云南科技出版社，2010年，第5页。

缺少的水资源。白族对水有着特殊的情感。《南诏国史图传》言："西洱河者，西河如耳，即大海之耳也，河神有金螺金鱼也。金鱼白头，额上有轮，爱毒蛇绕之。居之左右，分为二耳也。"①这段话表明，在南诏时期人们对"西耳河"即洱海已经有水神崇拜。和这段文字相应的是，在《南诏国史图传》中画了洱海神图，作为卷首。画中金鱼在左，白色的头上放射着光轮。白螺在右，头上有光晕，显现出金鱼和金锣乃通灵之物。图中金鱼和金螺被一条蛇缠绕，这条蛇乃龙的化身，意味洱海之地为神灵护佑的宝地。龙神作为司水之神，也成为白族供奉的神祇。

在大理市大理镇龙凤村、才村供奉"洱海龙王"，本主会期为农历五月初五。关于洱海龙王的传说是这样的：龙凤村前面的洱海海心里住着位老龙王，每年在他的生日这天，都要举行跳龙门比赛。有一次来自龙凤村的小黄鲤鱼参加比赛，因跳得很高，被龙王封为龙凤村龙王。小黄鲤鱼当上龙王后，很关心百姓疾苦，还奉老龙王之命战胜了洱海里兴风作浪、坑害百姓的孽龙，被老龙王封为洱海龙王，龙凤村百姓尊奉他为本村本主。每年春节各村耍龙时，其他村见了龙凤村的小黄龙，都让其先行。②

除了水崇拜，白族对山也有崇敬的心情。在丽江纳西族自治县白族村，鹤庆县辛屯乡上范排村、大福地村、执地村、大小箐村，剑川县东岭乡大桥头村、河北村供奉着"三朵神"，又尊称"北岳定国安邦景帝（北岳大帝）"，本主会期为农历正月十八。③

---

① 《云南画报（特辑）》：《宋时大理国描工张胜温画梵像 南诏国史图传》，昆明：云南画报社有限责任公司主办，2013年。
② 杨恒灿：《白族本主》，昆明：云南科技出版社，2010年，第17页。
③ 杨恒灿：《白族本主》，昆明：云南科技出版社，2010年，第99页。

据说，三朵神为元世祖所封，原为南诏时期封五岳之北岳玉龙雪山之神，一说该神是南诏时守北岳边关的将领，后来被异牟寻封五岳四渎时封为北岳大帝。二说北岳山神，是一个牧羊的小孩，他放的羊越来越多，因此很多人愿跟他放羊。有一次，他见一只白兔，追去时兔躲进一块大石头里去了，他把石头背回家，石头背到雪山脚下休息时，再也背不起来了，他也在那里去世了。后来被封为山神。

　　动物也被白族尊奉为神灵。在昆明市西山区龙潭白族村供奉着孔雀姑娘，本主会期为农历二月初四。古代昆明西山团结乡是长满森林和杂草的荒山野坝，很多孔雀在这里生活。后来从大理洱海边来到这里的白族人，把孔雀视为这里的主人。有个姑娘喜爱孔雀，她在荒坝里种了很多玉米，当玉米成熟后她就将玉米撒在空地上，让孔雀来食，时间长了，这里的孔雀和人们和谐相处，成了人们观赏的飞禽。后来迁来坝子里的人多了，森林砍光了，草丛没有了，喜爱孔雀的姑娘死了，孔雀也没有了。后人把喜爱孔雀的姑娘尊奉为孔雀本主，为她建庙塑金身，享受百姓祭祀。

　　综上所论，白族崇敬自然的心理与其长期生活在苍山、洱海为中心的自然生态环境关联在一起。经过漫长的农耕文明的发展，白族认识到人与自然的密切关系。在不少民间故事中都可见人们对自然的认识。同时，与自然的和谐相处也成为很多故事的主题。

第四章　剑川石窟文献与族群意识透视

　　剑川石窟是南诏、大理国时期佛教艺术的结晶，南诏、大理国时期是白族文化发展史上的重要时期，剑川石窟也烙上了浓郁的白族族群文化色彩。

　　剑川石窟承载了白族的记忆，因为"很多历史记忆，不仅是写在文献中的，也储存在图像里；很多思想观念，也不一定只是直接用文字表达，有时候它也支配着图像的绘制"。①本章关于剑川石窟文献族群意识的探究也正是基于这样的理解。

---

　　①　葛兆光:《古代中国的历史、思想与宗教》，北京：北京师范大学出版社，2006年，第70页。

第一节 剑川石窟文献对族群意识的书写

一、剑川石窟造像对英雄祖先的记忆

剑川石窟造像中出现了南诏历史上极为重要的三位帝王造像，分别是第9号窟"南诏第一代国王细奴逻、后妃及男女从者造像"中的第一代国王细奴逻、第2号窟"南诏第五代国王阁罗凤出巡图"中的第五代国王阁罗凤和第1号窟"南诏第六代国王异牟寻议政图"中的第六代国王异牟寻。这三位帝王与石窟中的佛陀菩萨不同，他们是南诏历史上的帝王，为南诏的发展做出了卓越贡献。

（一）南诏帝王的"本相"

剑川石窟中雕造的南诏的三位诏主细奴逻、阁罗凤、异牟寻，在史书中分别有记载。唐人樊绰《云南志》卷三《六诏》载：

> 蒙舍，一诏也。居蒙舍川，在诸部落之南，故称南诏也。姓蒙。贞元中，献书于剑南节度使韦皋，自言本永昌沙壹之源也。南诏八代祖舍龙，生龙迦罗。亦名细奴逻。当高宗时，遣首领数诣京师朝参，皆得召见，赏锦袍、锦绣紫袍。细奴逻生逻盛炎，又名罗晟，逻盛炎生炎阁及盛罗皮。炎阁立，死。盛罗皮生皮逻阁，皮逻阁生阁罗凤。……天宝四载，阁罗凤长男凤伽异，入朝宿卫，授鸿胪少卿。七载，蒙归义卒。阁罗凤立，朝廷册袭云南王。以伽异为卿，兼阳瓜州刺史。阁罗凤攻石和城，擒施各皮；

讨越析，枭于赠，西开寻传，南通骠国。及张乾陀陷姚州，鲜于仲通战江口，遂与中原隔绝。阁罗凤尝谓后嗣悦归皇化，但指大和城碑，及表疏旧本，呈示汉使，足以雪吾前过也。凤伽异先死。大历十四年，阁罗凤卒。伽异长男异牟寻继立，生寻梦凑，一名阁劝。①

从这段记载可知细奴逻又名龙迦罗，在他之前，南诏还有八代祖，但这八代祖的传承情况无法确知。细奴逻在位期间，正值唐高宗执政时期，他曾经多次派遣部落首领到唐都朝见，高宗接见了使团并赏赐了锦袍，说明细奴逻时期已与唐朝交好。《新唐书》载："蒙氏父子以名相属。自舍龙以来，有谱次可考。舍龙生独逻，亦曰细奴逻。高宗时，遣使者入朝，赐锦袍。细奴逻生逻盛炎，逻盛炎生炎阁。……炎阁立，死开元时，弟盛逻皮立，生皮逻阁，授特进封台登郡王。炎阁未有子，时以阁罗凤为嗣，及生子还其宗而名承阁，遂不改。……天宝初，遣阁罗凤子凤迦异入宿卫，拜鸿胪卿，恩赐良异。七载，归义死，阁罗凤立，袭王，以其子凤迦异为阳瓜州刺史。"②可见《新唐书》中的记载与《蛮书》一致，南诏世系的承继关系即细奴逻生逻盛炎，逻盛炎的儿子为炎阁和盛罗皮，后盛罗皮生皮逻阁（閤），皮逻阁（閤）生阁（閤）罗凤，阁（閤）罗凤生凤伽异。因凤伽（迦）异先死，其长子异牟寻继位。《新唐书》载因炎阁（閤）没有子嗣，而以其弟盛

---

① （唐）樊绰著、赵吕甫校释:《云南志校释》，北京:中国社会科学出版社，1985年，第110—116页。

② 《新唐书》卷二百二十二上，文渊阁《四库全书》电子版，上海:上海人民出版社、迪志文化出版有限公司，1999年。

逻皮之孙阁（阁）罗凤为嗣一事。天宝初年，阁罗凤的儿子凤伽异到唐朝当任宿卫，拜为鸿胪卿，受唐玄宗赏赐。天宝七年的时候，阁罗凤继任父位，世袭爵位。

在剑川石窟第一号窟、第二号窟和第九号窟中，三位诏主是三窟的核心人物。将三位诏主与南诏历史相联系，串联起的是关于南诏社会的"固态记忆"。

（二）剑川石窟中的三位诏主：血缘与政治权力

按照南诏世系来看，阁罗凤是细奴逻的玄孙，而异牟寻是阁罗凤之孙。

细奴逻时期，南诏与其他五诏并存。《旧唐书》载："南诏蛮，本乌蛮之别种也，姓蒙氏。蛮谓王为'诏'，自言哀牢之后，代居蒙舍州为渠帅，在汉永昌故郡东，姚州之西。其先帅有六，自号'六诏'。兵力相埒，各有君长，无统帅。"[1] 与南诏并存的有蒙嶲诏、越析诏、浪穹诏、邓赕诏、施浪诏共五诏，蒙舍诏位于六诏的最南边，所以又被称为南诏。

《云南志》记录了南诏的地理和物候条件。书言："蒙舍川……地气有瘴，肥沃宜稻禾。又有大池，周回数十里，多鱼及菱芡之属。川中水东南与勃弄合流。南有笼磨些川。凡遵川河，蒙舍谓之川赕。然邑落人众，蔬果水菱之味，则蒙舍为尤殷。"[2] 这里"大池"指的是洱海。从这段文字可知，南诏地处洱海周边地域，土地肥沃，水源充沛，物产丰富，在六诏中自然条件最具优势。因

---

① （后晋）刘昫撰：《旧唐书》，上海：上海古籍出版社、上海书店，1986年，第4111页。

② （唐）樊绰著，赵吕甫校释：《云南志校释》，北京：中国社会科学出版社，1985年，第197页。

而南诏的农业、畜牧业等发展迅速，人口众多。这为南诏逐渐壮大发展提供了重要的物质条件。

唐朝为了控制洱海地区，采取了不少措施笼络南诏。细奴逻被唐朝任命为"阳瓜州刺史"。其后，南诏几乎没有中断接受唐朝的册封。皮逻阁在开元二十六年（738）九月被唐玄宗赐名为"西南大酋蒙归义"，封为"云南王"。[①]《旧唐书》载："子皮逻阁立。二十六年诏授特进封越国公，赐名曰归义。其后破洱河蛮，以功策授云南王。"[②]如《南诏德化碑》所载："我世世事唐，受其封爵。"[③]唐朝与南诏的册封关系，与剑川石窟细奴逻"全家福"造像中细奴逻造像右腋斜夹朝笏的形象相呼应，折射出当时南诏归化于唐朝的史实。

唐朝为了实现对洱海地区的控制，进一步扶持南诏统一六诏。《旧唐书》载："归义渐强盛，余五诏浸弱。先是剑南节度使王昱受归义赂，奏六诏合为一诏。归义既并五诏，服群蛮，破吐蕃之众兵。"[④]这里，"归义"指的是皮逻阁。开元二十四年（736），蒙舍诏在剑南节度使的支持下，兼并越析诏；开元二十六年（738），剑南节度使联合河西、陇右节度使合力共讨吐蕃，削弱了吐蕃在云南的势力。

从上述南诏历史的发展来看，细奴逻作为第一代国主与唐

① （宋）司马光编著，胡三省注：《资治通鉴》，北京：中华书局，1956年，第6835页。

② （后晋）刘昫：《旧唐书》，上海：上海古籍出版社、上海书店，1986年，第4111页。

③ 杨世钰主编：《大理丛书·金石篇》（10），北京：中国社会科学出版社，1993年，第3页。

④ （后晋）刘昫：《旧唐书》，上海：上海古籍出版社、上海书店，1986年，第4111页。

朝建立的册封关系，为后来唐朝帮助南诏统一六诏奠定了重要的基础。

从蒙氏家族的发展来说，细奴逻也具有重要的地位。依《南诏野史》载，南诏大蒙国传十三世。具体为：

细奴逻，伪谥高祖奇嘉王，"贞观二十二年即位，年三十二岁，建号大蒙国，称奇嘉王。……奴逻在位二十六年，子逻盛炎立。"①

逻盛炎又名逻晟，伪谥世宗兴宗王，"逻盛炎，唐高宗甲戌上元元年即位，年四十岁。……在位三十九年，子盛逻皮立。"②

盛逻皮（石刻作成乐魁），封台登郡王，伪谥太宗威成王。"盛逻皮，唐玄宗壬子先天元年即位，年四十岁。……玄宗戊辰开元十六年，逻皮卒。在位十六年，子皮逻阁立。"③

皮逻（一作罗）阁（石刻作归义王魁乐觉），封云南王，"皮逻阁，唐玄宗戊辰开元十六年即位，年三十一岁。……玄宗戊子天宝七载王卒，在位二十年，子阁罗凤立。"④

阁罗凤袭封云南王，伪谥神武王，始建元。"阁罗凤，唐玄

① （明）杨慎编辑，（清）胡蔚订正：《南诏野史》（罗振常藏本二卷），杨世钰、赵寅松主编：《大理丛书·史籍篇》（卷三），昆明：云南民族出版社，第168—170页。

② （明）杨慎编辑，（清）胡蔚订正：《南诏野史》（罗振常藏本二卷），杨世钰、赵寅松主编：《大理丛书·史籍篇》（卷三），昆明：云南民族出版社，第170页。

③ （明）杨慎编辑，（清）胡蔚订正：《南诏野史》（罗振常藏本二卷），杨世钰、赵寅松主编：《大理丛书·史籍篇》（卷三），昆明：云南民族出版社，第170—171页。

④ （明）杨慎编辑，（清）胡蔚订正：《南诏野史》（罗振常藏本二卷），杨世钰、赵寅松主编：《大理丛书·史籍篇》（卷三），昆明：云南民族出版社，第171—175页。

宗天宝戊子七载即位，年三十六岁。……代宗戊午大历十三年逻凤卒，在位三十年。因子凤伽异先死（后追谥悼惠王），孙异牟寻立。"①

异牟寻封云南王，又封南诏王，伪谥孝桓王。"异牟寻，唐代宗戊午大历十三年即位，年二十四岁。……宪宗戊子元和三年七月王卒，唐遣使祭吊，在位三十年，子寻阁劝立。"②

寻阁劝袭封南诏王，伪谥孝惠王。"寻阁劝，唐宪宗戊子元和三年即位，年三十一岁。……在位一年，子劝龙晟立。"③

劝龙晟，袭封南诏王，伪谥幽王。"劝龙晟，唐宪宗己丑元和四年即位，年十二岁。……在位七年，弟劝利立。"④

劝利袭封南诏王，伪谥靖王。"劝利，唐宪宗丙申元和十一年即位，年十五岁。……在位八年，弟丰佑立。"⑤

丰佑册封滇王，伪谥昭成王。"丰佑，唐穆宗申辰长庆四年即位，年七岁。……宣宗己卯大中十三年，……是年，丰佑卒于东

① （明）杨慎编辑，（清）胡蔚订正：《南诏野史》（罗振常藏本二卷），杨世钰、赵寅松主编：《大理丛书·史籍篇》（卷三），昆明：云南民族出版社，第175—181页。

② （明）杨慎编辑，（清）胡蔚订正：《南诏野史》（罗振常藏本二卷），杨世钰、赵寅松主编：《大理丛书·史籍篇》（卷三），昆明：云南民族出版社，第181—188页。

③ （明）杨慎编辑，（清）胡蔚订正：《南诏野史》（罗振常藏本二卷），杨世钰、赵寅松主编：《大理丛书·史籍篇》（卷三），昆明：云南民族出版社，第188—189页。

④ （明）杨慎编辑，（清）胡蔚订正：《南诏野史》（罗振常藏本二卷），杨世钰、赵寅松主编：《大理丛书·史籍篇》（卷三），昆明：云南民族出版社，第189—190页。

⑤ （明）杨慎编辑，（清）胡蔚订正：《南诏野史》（罗振常藏本二卷），杨世钰、赵寅松主编：《大理丛书·史籍篇》（卷三），昆明：云南民族出版社，第190—192页。

京，在位三十五年。"①

世隆，伪谥景庄皇帝。"世隆，唐宣宗己卯大中十三年即位，年十六岁。……在位十八年，子隆舜立。"②

隆舜，改国号曰大封民国，伪谥宣武帝。"隆舜，唐僖宗丁酉乾符四年即位。……在位二十年，子舜化贞立。"③

舜化贞，伪谥孝哀帝。"舜化贞，唐昭宗丁巳乾宁四年即位，年二十一岁。……唐昭宗壬戌天复二年，舜化贞卒，在位五年。"④

从蒙氏的世系可见，自细奴逻到舜化贞，南诏传十三世，共二百五十五年，值唐太宗己酉贞观二十三年讫昭宗壬戌天复二年，与唐王朝几乎相始终。所以，从蒙氏家族后嗣的繁衍而论，剑川石窟雕造的细奴逻全家福造像亦是极具深意的。该窟造像表现了细奴逻的家庭生活，犹如一幅南诏帝王家庭生活"原型图"，真实而富有生活情趣，象征了蒙氏家族的兴旺发达。

皮逻阁于公元 738 年统一六诏。公元 765 年，皮逻阁的儿子阁罗凤"坐南面以称孤，统东偏而作主"⑤，正式宣告以白族为主

---

① （明）杨慎编辑，（清）胡蔚订正：《南诏野史》（罗振常藏本二卷），杨世钰、赵寅松主编：《大理丛书·史籍篇》（卷三），昆明：云南民族出版社，第 192—199 页。

② （明）杨慎编辑，（清）胡蔚订正：《南诏野史》（罗振常藏本二卷），杨世钰、赵寅松主编：《大理丛书·史籍篇》（卷三），昆明：云南民族出版社，第 199—205 页。

③ （明）杨慎编辑，（清）胡蔚订正：《南诏野史》（罗振常藏本二卷），杨世钰、赵寅松主编：《大理丛书·史籍篇》（卷三），昆明：云南民族出版社，第 205—207 页。

④ （明）杨慎编辑，（清）胡蔚订正：《南诏野史》（罗振常藏本二卷），杨世钰、赵寅松主编：《大理丛书·史籍篇》（卷三），昆明：云南民族出版社，第 207—208 页。

⑤ 杨世钰主编：《大理丛书·金石篇》（10），北京：中国社会科学出版社，1993 年，第 4 页。

体民族建立的南诏政权独立，终结了与唐朝的羁縻关系，南诏与唐朝、吐蕃三足鼎立的格局由此形成。

在第 2 号龛中，阁罗凤端坐龙椅之上，器宇轩昂，一副王者气派。其造像较之龛内的其他造像要高。这一比例上的悬殊，意在突出阁罗凤的帝王身份。在阁罗凤右边雕造的是阁陂和尚的坐像，这也是阁罗凤造像左右两侧造像中的唯一一尊坐像，加之居于右侧，突出了阁陂和尚在王权中特殊而尊贵的位置。民间传说天宝战争期间，阁陂和尚曾经赴吐蕃搬来军队助阵，利用神术为南诏军队立下赫赫战功。[①] 阁陂和尚的造像也反映了阁罗凤时期对佛教文化的兼容态度。

在阁罗凤的左、右两外侧，二显贵像端坐在须弥座的椅上而相向，两像的头部已损毁。从服饰来看为官者服饰，可推知此乃出巡同游的官员。阁罗凤统治时期文武兼善，设立了官僚机构，其中设有"清平官"一职，为南诏国主的参谋与顾问。每个清平官又与军队组织的将领同列，清平官之下有被称之为"曹"的六个部门，分属不同的职能，有兵、户、客、刑、士、仓"六曹"。在军事方面，南诏国专设军将一职，不但辅助清平官处理政务，同时管理步兵和骑兵军队。

从阁罗凤身后的立像人物的面部特点来看，差异较大。如阁陂和尚身后一立像紧傍屏风侧，两手执长柄雉羽者，阁罗凤左旁二武士立像，皆戴盔穿甲，两像皆各执旌旗长杆者，均面庞宽阔，双目圆而眉骨高耸，双唇阔而厚。虽不能确知他们的真实身

---

① 李浩:《三迤随笔》，大理州文联编:《大理古佚书钞》，昆明：云南人民出版社，2001 年，第 266 页。

份，但他们的造像出现在"出巡图"中，说明南诏对来自异域或是异族人才的吸纳。这可以在文献中找到印证。如《南诏德化碑》的撰者蛮盛本是汉人，其自叙身世："蛮盛家世汉臣，八王称乎晋业。钟铭代袭，百世定于当朝。生遇不天，再罹衰败。赖先君之遗德，沐求旧之鸿恩，改委清平，用兼耳目。"①蛮盛入南诏后，深受皮逻阁、阁罗凤两代君主的重用，担任清平官之职，并受命撰写了《南诏德化碑》。再如南诏清平官郑回。《旧唐书》载："郑回者，本相州人，天宝中举明经，授嶲州西泸县令，嶲州陷，为所虏。阁罗凤以回有儒学，更名曰蛮利，甚爱，重之，命教凤迦异。及异牟寻立，又令教其子寻梦凑。"②郑回本为唐朝官员，阁罗凤攻陷嶲州时将其俘虏。阁罗凤看重其学识，委以清平官要职，并赐蛮利之名，特派其担任王室的文教，管教皇室子弟。又如杨蛮佑，据《故杨公孝先墓志铭》③载，杨蛮佑本是华阴人，后随鲜于仲通征云南，兵败失陷大理。阁罗凤爱其才，不杀而授清平官，委以重任。

阁罗凤作为南诏第五代国主，实现了南诏的独立，完善了南诏内部的组织体制，建立了南诏政权机构的基本体制。向外则扩展了南诏的疆域，并通过一系列措施巩固了南诏在东部地区的行政统治。南诏百姓生活富足，"厄塞流潦，高原为稻黍之田；疏决陂地，下隰树园林之业。易贫成富，徙有之无。家绕五亩之桑，

① 《南诏德化碑》，杨世钰主编：《大理丛书·金石篇》（10）：北京：中国社会科学出版社，1993年，第3页。
② （后晋）刘昫：《旧唐书》，上海：上海古籍出版社、上海书店，1986年，第4111页。
③ 杨世钰主编：《大理丛书·金石篇》（10），北京：中国社会科学出版社，1993年，第23页。

国贮九年之廪"①。第 2 号窟形象地再现了阁罗凤出巡盛大而威严的场景。

剑川石窟第 1 号窟"南诏第六代国王异牟寻议政图"再现了异牟寻在朝堂中议政的情形，反映出异牟寻时期南诏社会的太平景象。异牟寻右方有三躯造像为侍者，个人手中分别持长刀、曲柄龙头带鞘的长剑和执纨扇。左方二躯造像一位双手捧一方匣形物，一位则右手拿藤杖，左手握汗巾。龛殿庭前左、右侧为二文官坐像，可谓文武官员齐聚。

阁罗凤时期，南诏和唐朝之间爆发了天宝战争，双方邦交中断。加之安史之乱的爆发，唐朝无暇顾及与南诏的外交往来，严重影响了南诏和唐朝外交关系的发展。异牟寻执政时期为恢复南诏和唐朝的关系做出了努力。公元 793 年，异牟寻派遣三个使团前往长安。每个使团都携带了象征南诏向唐朝示好建交的礼物，生金象征了对唐朝的忠诚不移，朱砂象征了对唐朝的赤胆忠心，均表达了南诏愿与唐朝重建友好关系的愿望。贞元十年（794）十月二十七日双方在阳苴咩城举行了会盟，"南诏蒙异牟寻请归附圣唐，愿充内属，盟立誓言，永为西南藩屏"，唐朝与南诏正式恢复邦交②。贞元二十年（804），德宗亲自召见了南诏使团的成员和异牟寻的儿子寻阁劝，邀请使团在御座前会面交谈。南诏也在新的联盟关系中获得了与唐朝进行文化交流的新契机。

综观南诏的历史，可知细奴逻、阁罗凤、异牟寻是南诏政权

---

① 《南诏德化碑》，杨世钰主编：《大理丛书·金石篇》（10），北京：中国社会科学出版社，1993 年，第 3 页。

② （唐）樊绰著，赵吕甫校释：《云南志校释》，北京：中国社会科学出版社，1985 年，第 334 页。

演进历史中三个重要的人物：细奴逻作为南诏第一代酋王，开创和繁衍之功不可没；阁罗凤实现了南诏政权的独立，南诏与唐朝、吐蕃三足并立；异牟寻实现了唐诏邦交关系的恢复，揭开了南诏历史发展新的一页。剑川石窟中从家庭、政治层面展现了南诏三代帝王形象，用造像勾画出南诏发展的历史，让后人铭记。

二、妙香佛国的缩影

剑川石窟中的佛教造像折射出白族佛教信仰以大乘佛教为宗、多种分支宗派并行不悖的事实。大乘佛教信仰的众多佛陀、菩萨、天王造像在剑川石窟中均可见，如地藏王菩萨、华严三圣、《维摩诘经变》中的"问疾品"造像、八大明王造像、观音菩萨造像、释迦摩尼佛、弥勒佛、毗沙门天王、大黑天神造像，等等。细看这些佛教造像，如第 4 号窟华严三圣造像，构成了华严佛会的生动写照。再如第 6 号窟明王堂则取材于佛教密宗。此窟雕刻完备的八大明王造像，是全国石窟中独一无二的，也是云南所有石刻中最大的一窟。

从佛教造像可以看到，剑川石窟对大乘佛教的信仰并非原封不动地搬用传统，只将其中一部分神祇纳入到自己的神系当中，而是进行了筛选和本土化的改造，对佛教造像进行了创新，佛教神祇的体系繁杂而有序。

如第 5 号窟《维摩诘经变》中的"问疾品"造像。我国佛教造像中，维摩诘的形象极多，但剑川石窟中的维摩诘形象却独具风采。"佛教艺术中的维摩诘造像，在中原云冈、龙门和西北的敦煌，邻近的四川大足等石窟中都曾出现。而敦煌莫高窟晚唐时期所出现的四个维摩诘造像，都是奢华富贵，资财无量，坐于帐中，神情闲雅，娓娓而谈，有美髯。文殊师利穿着华贵。龙门古阳洞、四川大足北山的维摩诘均有美髯，凭几坐床，虽面带病容但精神矍铄，整个造型安详而宁静。唯剑川石窟的维摩诘面带愁容，无美髯，也未凭几坐床，而是坐在山间岩石上；文殊师利只披袈裟，脚穿拖鞋，形若苦行僧。左右附属龛又是观音菩萨和大势至菩萨，这在中国其他石窟当中是绝无仅有的。"[①]又如观音造像，在剑川石窟中一共雕造了三个不同造像的观音，分别为第 7 号窟的甘露观音、第 10 号窟的梵僧现化观音和第 13 号窟的阿嵯耶观音。第 7 号窟的甘露观音最为独特之处在于其胸口开凿了一方形空洞，形象地表达出观音菩萨为了普度众生挖心掏肺的慈悲心肠。第 10 号窟为观音化现梵僧造像，在外形上独具特色，与南诏、大理国时期的典籍、民间传说等形成了呼应。而第 13 号窟阿嵯耶观音造像独具风采，造像姿态端庄，袒胸，露臂，细腰，为云南所独有，因此也被称为"云南福星"。

第 10 号窟"观音化现梵僧像"、第 8 号窟"阿姎白"（女性生殖器）、第 13 号窟"阿嵯耶观音"体现了密宗对剑川石窟艺术的影响，同时又兼具浓郁的当地化色彩。

综上所言，剑川石窟的产生与白族对佛教文化的吸纳与传承联系在一起。人们在雕造、观览等一系列活动中，延续着的是雕造者与观礼者跨越时代的共同信仰。这种心理不只是依赖于族群共同生存的地域空间，更依赖的是属于族群的共同起源。这种"起源"是可以让人们产生同胞手足之情的"根基历史"。

---

① 云南省剑川县文化体育局编：《南天瑰宝——剑川石钟山石窟》，昆明：云南美术出版社，1998 年，第 25 页。

第二节　明清时期剑川石窟文献中的族群意识

明朝开国后倡导以宋代儒学为宗的思想席卷全国，以理学正心诚意为主旨的新道统和新文统传布云南边地。清代对云南的政策主要承袭明制，文化上加强汉文化的影响。

从明清时期大理留存的碑刻来看，体现了这一形势。《大理丛书·金石篇》中至少收录了明朝敕封碑17通，以洪武甲子年（1384）《赵氏宗祠碑》[①]最早，以天启四年（1624）《敕谕云南大理府宾川州鸡足山祝国悉檀禅寺颁赐藏经碑》[②]为最晚。具体为洪武年间的2通，宣德年间的2通，天顺年间的1通，成化年间的2通，嘉靖年间的6通，隆庆年间的1通，万历年间的1通，天启年间的1通，几乎贯穿了整个明代。敕封的对象为个人、家庭和家族，其中，敕封男性的碑刻有7通，女性4通；敕封夫妇2通；敕封父母4通；敕封家族的2通。"敕封者的身份各异，有文官武将，有宗教领袖，有家庭妇女。在敕封碑中，明代帝王一改君王高居圣位遥不可及的形象，积极宣扬文官武将的仕途进取与效忠之心，赞美普通女性的操守和对家庭默默无闻的奉献，个体与家庭中细微的人性闪光都为皇帝所洞察。明代帝王借助敕封碑向天下昭示了个体与家庭为社会进步作出的贡献，充分肯定了家

---

① 杨世钰主编：《大理丛书·金石篇》（10），北京：中国社会科学出版社，1993年，第28页。

② 杨世钰主编：《大理丛书·金石篇》（10），北京：中国社会科学出版社，1993年，第126页。

庭在社会发展中的积极意义，宣扬了家国同构价值观。借助敕封碑，明代帝王们亦成功地完成了在云南少数民族地区慈爱君父形象的塑造，有力地推动了国家的团结与进步。"[1] 清代留存于大理的圣旨碑有 2 通，主要端正士子学风；敕封碑 9 通，彰表官员及其家庭。从这些敕封碑可见明清时期中央政权对封建伦理道德思想的强化，渗透到了个体和家庭的微观层面。

另一方面，明清时期对云南的佛教采取了规训的策略。如明代帝王敕封碑中涉及宗教信仰的碑刻中，洪武二十七年（1394）《明赐国师董贤圣旨碑》"标志着明朝对大理地方宗教态度的转折"[2]。天启四年（1624）的《敕谕云南大理府宾川州鸡足山祝国悉檀禅寺颁赐藏经碑》则"体现了统治者对地方宗教信仰社会作用的规训"[3]。"通过分析明代帝王的宗教圣旨碑，可见明朝中央政权对大理地方佛教信仰，从打击抑制到鼓励提倡的政策变化。其目的是将白族等少数民族的宗教纳入中央集权的统一规范管理中。明代帝王的宗教圣旨碑对白族民间宗教信仰进行了政策性的引导，促使其顺从于政治格局的变迁。"[4]

在中央政权的宗教管理的背景下，大理的当地宗教文化发展也进入规训的轨道中，从明清时期剑川石窟文献遗存来看，也体现了这一趋势。

---

① 朱安女:《文化视野下的白族古代碑刻研究》，成都：巴蜀书社，2012 年，第 109 页。

② 朱安女:《文化视野下的白族古代碑刻研究》，成都：巴蜀书社，2012 年，第 116 页。

③ 朱安女:《文化视野下的白族古代碑刻研究》，成都：巴蜀书社，2012 年，第 118 页。

④ 朱安女:《文化视野下的白族古代碑刻研究》，成都：巴蜀书社，2012 年，第 118—119 页。

一、明清时期剑川石窟寺院文化的兴盛

剑川石宝山建寺的历史较早。"考石钟寺（中山），元明前的寺宇情况，因文献无征，难知其详。但在石钟寺对面狮子关崖壁上石刻造像旁，书刻有宋代大理国第十八代国王段兴智盛德四年（1179年）造像题记文句'信境兰若'，查《释氏要览》：'兰若，为阿兰若之略称，僧人所居处也，其意为空净闲静之处。'又，石钟寺及其旁近各石刻造像地上碎瓦残砖，处处皆见。有瓦当图案纹作六波罗窟之一的'胜业波罗密'，中心作一个梵字。再是石钟寺旁的各号石刻造像留有凿出的榫孔痕迹，这皆为古代这里有佛宇的证据。"[①] 石窟的寺院主要有石钟寺、宝相寺、慈云寺、海云居、灵泉庵。另外，还有宝岩居、鸡冠寺、旧寺、梅溪寺、近天庵、维摩院等。随着时代变化，这些寺院也经历兴衰变迁。明清时期剑川石窟窟区的寺院建筑尚具规模。

祝延寺（今名宝相寺）是石宝山重要的佛寺。依据《重建祝延寺记碑》载："自元时漾水高世守游畋及兹，见山中毫光若炬，因排荆扪萝而前，则一神僧现辟支身，趺悬岩下，叩之乃诺巨罗尊者，先证觉于眉州中岩，来此显化，高遂诛茅刐芜，作化域而庄严之，额曰：祝延。"[②] 可知，祝延寺为元代高世守所建。明末楚石和尚、明末清初普灵禅师维修了祝延寺。

佛顶寺修建于明代。《石宝山佛顶寺开山传讲经律自如和尚道

---

① 杨延福:《剑川石宝山考释》，昆明：云南民族出版社，1999年，第21页。

② 杨延福:《剑川石宝山考释》，昆明：云南民族出版社，1999年，第53页。这里《重建祝延寺记碑》与本书第65—67页所录《重建石宝山祝延寺记》为同一碑，但二录文文字及句读有异。

行碑》载："时有东宫侍卫存蓼段公，请师拈茎建寺于石宝山峰头，名佛顶寺。功造成，轮奂巍然，龙翔凤翥，景丽山林，两挟其胜。适永历驻跸滇城，段公任行在锦衣都督，文封一品，效东坡以玉带镇山门故事，邓川陶石刘公，送大藏经置于寺中为光明幢。"①

石钟寺在明代以前的情况，难知其详。《重修石钟寺常住记》载："石钟创自盛唐也，其胜概古迹，先贤学士，历历固有标题矣，岂直今日之笔墨哉。……继有溪阴庄登寸衷义公，已开拓而扩之。后有西门吴晚景公，沙登李昆然公，三公皆乐善者，而慎师适与三公遇，此石钟山亦大奇缘也。夫以三公之勚勚募化，于康熙戊辰重修玉阁，乙亥重铸至尊，继而佛殿崇高，廊庑僧舍之整顿。"②碑言明末沙溪人杨九生夫妇，在石钟寺创建明王堂厦坡、玉皇阁及几间简单的僧舍。顺治初，鹤庆灵泉寺的师慎和尚云游到此住锡，募化沙溪西门村的吴晚景、庄登（中登）村的寸衷义、沙登村生员李昆然三人，重建玉皇阁、佛殿及僧房，并置常住田四十多亩。

二、明清时期剑川石窟佛教宗派的发展

明清时期是剑川石窟"窟寺"文化复兴的重要时期，涌现了不少高僧。依据存留文献可知，明末清初，诸世罗尊者楚石和尚普灵禅师住持宝相寺；明末初清寂定和尚住持佛顶寺；明末楚石和尚住持海云居；清代顺治年间师慎大和尚住持石钟寺，康熙年间普联和尚住持海云居。

---

① 杨延福：《剑川石宝山考释》，昆明：云南民族出版社，1999年，第50—51页。

② 《重修石钟寺常住记》，杨世钰主编：《大理丛书·金石篇》（10），北京：中国社会科学出版社，1993年，第201页。

在众多的高僧中，明末著名高僧寂定和尚及其法嗣普灵（独耀禅师）、普联为剑川石钟山佛教文化的发展做出了重要贡献。

寂定和尚、普灵和尚、普联和尚均为大理本地人士。寂定和尚是剑川北厢永榜村白族张群之子，普灵是鹤庆白族望家李氏子，普联是剑川向湖村白族赵氏子。他们家世不同，寂定和尚童年失父、母氏守寡，由母亲抚育成长；普灵家则业医。他们与佛法结缘也因人而异。寂定和尚自幼喜欢看佛书，引起母亲的担忧。于是母亲委托亲戚杨栋朝把寂定带去金陵。到金陵不久，寂定前往南岳衡山，拜高僧无相隐者，削发为徒，正式入佛门。普灵在清顺治九年（1652），入剑川石宝山礼悝初平大师落发，从昌慧和尚学佛经，受戒于佛顶寺寂定大和尚。普联在童年时便落发并拜楚石为师。

寂定和尚、普灵和尚、普联和尚的修行经历各不相同。寂定和尚早年云游云南境外道场，师从多位高僧。他先到南岳衡山，拜高僧无相隐者，后削发为徒。后又去白门受戒于三昧和尚。不久后，寂定和尚讲经于昆陵，名声渐重，返南岳拜颛愚大师嗣其法。崇祯十年（1637），寂定和尚在衡阳千佛寺讲《法华经》。崇祯十三年（1640），寂定和尚游京师。而后，寂定和尚回云南探望老母，上鸡足山，住锡于石钟寺。寂定和尚宏开法席，传讲经法，石宝山一度名声振滇南。《石宝山佛顶山开山传讲经律自如和尚道行碑》有长段铭文称颂寂定和尚："众山之尊，德本素植，曾在灵山，受佛遗嘱。解脱丈夫，沙门赤帜，拔萃衡山，一枝横出。普令世人，歇阴藉樾，法本心传，德无所得。启牖群述，吐广长舌，如来宝藏、一朝漏泄。并驾三车，沿路合辙，踞座高谈，波旬折服。狮子岩前，门徒聚石，花雨盈空，云翻贝叶。机辩悬河，野狐尽脱，说到无生，说本无说。严净毗尼，花生雪谷，正令全提，尊严特达。吴楚黔越，篇映明月，旋乡觐母、随佛奉佛。石宝峰头，拈基建刹，振锡灵山，昏衢照烛。万法齐张，一丝不缚，涓涓西水，自兹莫竭。花甲余龄，报梅子熟，四大风狂，梅檀树折。出此入彼，携履蓦直，河沙佛国，优游出没。化事已终，有谁生灭，青鸟山人，点地马鼠。建立浮国，珍藏灵骨。瑞应宝山，钟灵韫璞。裕后光前，人天眼目，法裔云仍，传衣相续。一派渊源，汪涵溟渤。"① 寂定和尚曾注释《楞严》《法华》《楞伽》《金刚》《起信论》《八识规矩》等多种，并有语录及诗文若干卷，今皆不存。②他先后在衡阳千佛寺讲《法华经》、在剑川石窟石钟寺讲《楞严经》。后与剑川治城人段晅结缘。段晅发愿出资在石宝山顶峰麓兴建"佛顶寺"，寂定和尚受邀住持。段晅以玉带留镇于寺，邓川人刘陶石赠送大藏一部。

普灵和尚主持宝相寺。康熙二十六年（1687）正月元宵节，因香炉火发，寺宇被毁。普灵多方募缘而重建寺宇，使得宝相寺辉煌壮丽胜于前。普联和尚与楚石大师同心兴建海云居，楚石去世后，普联和尚继任住持。

众位高僧法嗣延绵，佛法传承后继有人。《石宝山佛顶山开山传讲经律自如和尚道行碑》载："康熙二十四年四月八佛诞日徒照敏、照贤、照律、照愚，嗣法孙普联、普和、普祥、普悦、普深、普戒、普教、普逻、普训、通淑、通胜、通贯、通䌷、

---

① 《石宝山佛顶寺开山传讲经律自如和尚道行碑》，杨延福：《剑川石宝山考释》，昆明：云南民族出版社，1999年，第51页。

② 杨延福：《剑川石宝山考释》，昆明：云南民族出版社，1999年，第35—36页。

通学、通人、通恩、通济、通彻、通迪、心慧、心纯、心霁、心礼、心授、心诚等全立石。"① 可知，寂定和尚的二十九名徒弟以佛光之"照"为名；法孙以佛的广大"普"为名；其后以佛性之达"通"为名，以经佛法根本在于传"心"为名。这四字连在一起便是"照普通心"。

从石宝山留存的文献可见，明清时期人们朝山不断。石宝山每年农历七月初一到八月初一成为人们上山朝拜的固定时期已成为民俗。在宝相寺留下了二则人们朝山的题记。一则为："万历辛卯岁正月初七日宾川州文人陈灿杨士禄杨启董纯芳进香记"。② 题写时间为1591年。一则为："永昌下村善士冯翔凤同邓川交友戴元宝赵书杨文辅杨际才等俱于万历丁酉年春正月初三进香。"③ 题写时间为公元1597年。

这两则游人题记均为万历年间题写。一则为永昌的冯翔凤与邓川的朋友戴元宝等一起到石宝山进香时题写，一则为宾川州文人陈灿等进香时题写。可以看出石宝山成了人们礼佛的圣地。④

---

① 《石宝山佛顶寺开山传讲经律自如和尚道行碑》，杨延福：《剑川石宝山考释》，昆明：云南民族出版社，1999年，第51页。

② 杨延福：《剑川石宝山考释》，昆明：云南民族出版社，1999年，第159页。

③ 杨延福：《剑川石宝山考释》，昆明：云南民族出版社，1999年，第159页。

④ 杨延福：《剑川石宝山考释》，昆明：云南民族出版社，1999年，第15页。文载："据传，清代与民国前期，石宝山会期每年有两次，即每年农历七月初一及八月初一为正会日，而八月初一这次为盛，主要是地方佛会及善坛善信集结于各寺作法会，各地男女老少亦趁之来观光。自抗日战争始，七月初一这次会期自行废弃。地方白族语称'观矲波山'，汉语之意是'逛石宝山'，称为'朝山会'是地方古文人雅称。今称为'石宝山歌会'，是近今始有的称法。"

综上所言，明清时期剑川石宝山佛教文化一方面有寺院僧人弘扬佛法、民间人士捐资保护石宝山，另一方面逐步形成了民间一年一度石宝山法会，体现了明佛教与民间世俗信仰的融合。

第五章　剑川石窟文献的文学价值

　　剑川石窟文献中有不少诗歌、散文作品，体式丰富。尤其是明清时期，不少作品记述了人们游历观览石钟山石窟时的所见所感，文笔优美，颇具文学价值。

第一节　剑川石窟文献的体式

如第一章所述，剑川石窟文献分为造像文献和文字文献两大类。从文学文体的角度来看文字文献，可分为题记、诗、散文等多种文体。然而与一般的文献不同，剑川石窟造像是文字文献产生的基础，这是在研究剑川石窟文献体式时不能忽视的背景。

剑川石窟造像周围的崖壁上镌刻了题记、铭文、诗作等多种文字，形成了特殊的"石窟语录"。这些"石窟语录"因书写的空间局限，都较为短小、简洁。如铭文语录乃对造像名称的镌刻，造像题记简短地载录了石窟造像者的基本情况，游人题记则记述了游人游历的时间、人物关系。

如果说这些"石窟语录"与石窟造像构成了剑川石窟文献体式的"第一级"，那么在石窟周边的寺庙中留存的碑记和楹联则构成了剑川石窟文献体式的"第二级"。剑川石宝山的寺院中留存的碑刻与楹联，镌刻在石碑或是木段之上，这些碑记及楹联的镌刻无须再依托石窟天然的石壁，安置的位置和空间灵活，行文的长短皆在镌刻者的掌握之中。立碑者挑选的石材中，大理本地出产的大理石或是花岗岩居多。碑文的书法各有所宗，有的体小密匝，有的鸿篇巨制。石碑的风格有的简朴古拙，有的则有精心设计花纹缘饰。在剑川石窟中留存至今的修寺碑、常住产业碑、僧人的行道碑中，记载了剑川石窟佛教文化发展传承过程中的诸多细节。通过浏览游记碑和悬挂在寺院门廊上的楹联，可知古人们观览石窟时的情景。

与"石窟语录""寺院碑记"不同，剑川石窟文献中有一类较为特殊的文献，它们就是剑川石窟的朝山曲辞。由于朝山曲辞多流传于口头，年代久远，较多失传。与第8号窟"阿姎白"有关的一首朝山曲辞为：

> 佛窟神机母体独，
> 盘古坠地自斯来，
> 此室不容藏金屋，
> 祈嗣高香台。①

这首古歌言"阿姎白"是剑川石窟中众多的佛教造像中最为独特的，它是孕诞盘古的所在，亦是人们求嗣最为灵验的地方。每年农历七月初一至八月初一是人们进行石宝山朝山的会期。这与第8号窟《阿姎白造像题记》题写于"盛德四年作□己亥岁次八月三日"，第12号窟《张傍龙造像题记》标识为"囵王天启十一年七月廿五日题记"中"八月三日""七月廿五日"的日期正好吻合。虽然我们无法确知当时朝山会的盛况，但今日石宝山朝会已经成为大理白族人民生活中极具民俗色彩的活动。每到朝山盛会时，来自剑川、洱源、鹤庆、丽江、兰坪、云龙、大理等地的白族儿女、曲客歌手，带着行李、龙头三弦和满腔真情，相约从四方八面涌向石宝山，云集山寺，朝山唱曲。方圆十里的石宝山山岩下、草地上、绿荫里，人们到处摆开唱歌对曲的歌场。你唱我和，弹弦对曲，以曲会友，倾吐心声，寻觅知音。整座石宝山，处处可闻龙头三弦声和悠悠白曲。也正是在人们的朝山歌会

---

① 依据剑川当地人口传记录。

活动中产生了剑川石宝山独有的朝山曲词。当人们来到"阿姎白"面前，唱起的便是"求子""求双"的古歌。白族男女对歌如果情投意合，便手牵手走到"阿姎白"龛前跪下盟誓，回家后请媒人说亲成婚。而对歌会上的老年人，一样拜佛、对歌，他们一边跪拜，手敲木鱼诵经，手舞霸王鞭跳起民间舞蹈，一边娱神一边娱乐。

当把视线投于剑川石窟和寺庙外围的历史空间，可见剑川石窟与一些文献形成了隔空的呼应，构成了微妙的"互文"关系，这为我们认识剑川石窟文献的深层文化意义提供了更为广阔的视角。

这里以图表对剑川石窟的图像与文献之间的"互文"关系进行举例。

各窟造像	"互文"
第1号窟：南诏第六代国王异牟寻议政图	（唐）《云南诏蒙异牟寻与中国誓文》[1]
第2号窟：南诏第五代国王阁罗凤出巡图	（唐）《南诏德化碑》[2]
第3号窟：地藏菩萨	（明）《杨药师寿墓碑地藏菩萨经》《地藏院记》[3]
第5号窟：《维摩诘经变》中的"问疾品"造像	（元）《李升墓幢梵汉文刻石》[4]

---

[1] （唐）樊绰著，赵吕甫校释：《云南志校释》，北京：中国社会科学出版社，1985年，第329页。

[2] 杨世钰主编：《大理丛书·金石篇》（10），北京：中国社会科学出版社，1993年，第3页。

[3] 杨世钰主编：《大理丛书·金石篇》（10），北京：中国社会科学出版社，1993年，第60页、第109页。

[4] 杨世钰主编：《大理丛书·金石篇》（10），北京：中国社会科学出版社，1993年，第19页。

第6号窟：明王堂	（明）《赵州南山大法藏寺碑》①
第9号窟：南诏第一代国王细奴逻、后妃及男女从者造像	（唐）《云南志》卷三《六诏》②
第10号窟：观音化现梵僧造像	（唐）《南诏国史图传》③
第13号窟：阿嵯耶观音（也称"细腰观音"）	（唐）《南诏国史图传》④

上表中，对剑川石窟造像形成"互文"的文献分别为唐、元、明时期。如大理国第10号窟"观音化现梵僧造像"和第13号窟"阿嵯耶观音"与南诏末期的《南诏国史图传》中梵僧和阿嵯耶观音的形象是一致的。或者说第10号窟和第13号窟以雕像的形式展示了南诏佛教、大理国时期最重要的两位神祇，而《南诏国史图传》则是用绘画的方式描述了这两个形象之间的演变关系。第1号窟"南诏第六代国王异牟寻议政图"与唐代《云南志》所载《云南诏蒙异牟寻与中国誓文》、第2号窟"南诏第五代国王阁罗凤出巡图"、第3号窟"地藏菩萨"、第5号窟《维摩诘经变》中的'问疾品'造像、第6号窟"明王堂"与唐、元、明时期的大理金石文献形成了"互文"。另外，如第9号窟"南诏第一代国王细奴逻、后妃及男女从者造像"与唐代方志、史书之间的互文颇多，前文论述中多有提及，这里就不赘述。

---

① 杨世钰主编：《大理丛书·金石篇》（10），北京：中国社会科学出版社，1993年，第32页。

② （唐）樊绰著，赵吕甫校释：《云南志校释》，北京：中国社会科学出版社，1985年，第110页。

③ 《云南画报（特辑）》：《宋时大理国描工张胜温画梵像 南诏国史图传》，昆明：云南画报社有限责任公司主办，2013年。又见李霖灿：《南诏大理国新资料的综合研究》，台北：故宫博物院印行，1982年，第48页。

④ 《云南画报（特辑）》：《宋时大理国描工张胜温画梵像 南诏国史图传》，昆明：云南画报社有限责任公司主办，2013年。又见李霖灿：《南诏大理国新资料的综合研究》，台北：故宫博物院印行，1982年，第48页。

第二节　剑川石窟文献的语言风格

一、汉语主流

目前所见的剑川石窟文献除了一篇藏文偈颂外，都为汉语书写。

西汉元封二年（前 109），汉武帝在云南设立益州郡。随着汉代郡县制和商品经济的发展，"富商大贾，周流天下，交易之物，莫不得其所欲"[1]，四川的铁器也大量进入云南。隋唐之际，南诏、大理国积极学习汉文化，与唐宋王朝一直保持着经济和文化上的密切联系，形成了"有故国（唐宋）遗风的大理文化"[2]。尤其是南诏建立后，大力推广汉字、汉语。《蛮书》载："言语音白蛮最正，蒙舍蛮次之，诸部落不如也。但名物或与汉不同，及四声讹重。大事多不与面言，必使人往来达其词意，以此取定，谓之行诺。"[3]元明清时期在中央政权大一统政治背景下，汉文化的影响愈发深入。尤其是明代大理白族与屯戍军杂居，不少乡村明文规定不准讲白语，规定违者罚米。祥云有的乡村甚至规定娶妻进村，如不遵守乡规，不操汉语，则勒令离异，送回娘家。在漾濞县也有类似的情况。《漾濞县蒙官村本主庙碑序》载：

---

[1]（汉）司马迁撰：《史记》，北京：中华书局，1963 年，第 3261 页。

[2]　杨世钰主编：《大理丛书·金石篇》10，北京：中国社会科学出版社，1994 年，第 9 页。

[3]（唐）樊绰著，赵吕甫校释：《云南志校释》，北京：中国社会科学出版社，1985 年，第 297 页。

此本主庙据传始建于明朝。本主爷蒙圣老祖系南诏后裔，彝族人氏，于朝廷有功，皇帝召见，不懂汉语，满口彝话，皇帝责而杀之。呜呼，错杀功臣，岂不冤哉！含冤而死，冤灵不散，搅得皇帝不得安宁。幸喜皇帝惊觉，将其阴魂封回南籍，坐镇河西本主，历代享受香烟、护佑生灵。正月初八是祀日，庙址本主自选即现所在地，从此建庙。岁岁会期香火兴旺，信士络绎不绝。后原庙毁坏。公元一九八二年在玉皇阁管委主任王金凤的倡议下，河西民众自费，学智带领下一度起盖完成。公元一九九五年农历十二月圆满会立。①

　　此碑为蒙官村本主庙碑。碑文开头追述本主庙始建于明朝。本主为南诏蒙氏后裔，因有功勋受皇帝召见。但因其不懂汉语，只会讲彝语，皇帝怪罪并将其处死。因被错杀，蒙圣老祖阴魂不散，搅扰了皇帝。皇帝醒悟，敕封他的魂魄回云南做本主。这则故事在说明该庙本主由来的同时，反映了明代政权对汉语的推行与重视。

二、语言风格：雅俗共赏

　　在剑川石窟文献中，题记最为简短易懂。从剑川石窟的五则造像题记来看，主要题写雕造者的名字、雕造的时间、雕造对象的名称，没有任何修饰话语。造像游人题记也有基本的书写程式，主要是对题记时间、人名及活动的交代。题记不因题写者的身份贵贱而有区别，文字明白如话。碑记中也不乏通俗之语。如《重

---

　　①　本文为笔者录文。

修石宝山碑记》载："四方上舍功德施主何应龙、尹国才、室人杨氏祈嗣速肿早兆添丁。尹国治、杨□□、利瓦伊垣，董应元（下阙）。"[①] 这里的"速肿早兆添丁"用极通俗的话语表达了杨氏祈求自己尽快怀孕生子之意。

剑川石窟文献语言典雅的风格主要体现在碑刻、摩崖题诗中。这些作品引用汉文学中的经典名句，灵活使用比喻、排比等修辞手法。

化用典故举例如下：

鲁川养晦赵公，延师主拈花禅院，师乃亲耕于石蟆江，以资接纳云游者，皆沾法乳焉。[②]

五丁曾遣下苍穹，鼓铸阴阳造化工。[③]

楼高倚翠连松月，径曲通幽引竹风。[④]

《易》曰：致命遂志，先生是也。《诗》云：永言孝思，孝思惟则。见愚公之谓欤。[⑤]

第一例中，"延师主拈花禅院"化用了"拈花微笑"之典，表

① 杨世钰主编：《大理丛书·金石篇》（10），北京：中国社会科学出版社，1994年，第120页。

② 《石宝山佛顶寺开山传讲经律自如和尚道行碑》，杨延福：《剑川石宝山考释》，昆明：云南民族出版社，1999年，第49—51页。

③ 《赖钟俊等四人咏石宝山诗摩崖·昆明赖钟俊题》，杨世钰主编：《大理丛书·金石篇》（10），北京：中国社会科学出版社，1993年，第259页。

④ 《赖钟俊等四人咏石宝山诗摩崖·西园杨藻翰》，杨世钰主编：《大理丛书·金石篇》（10），北京：中国社会科学出版社，1993年，第259页。

⑤ （清）大错：《石宝山图记》，杨延福：《剑川石宝山考释》，昆明：云南民族出版社，1999年，第150页。《剑川石宝山考释》录文为"见愚之谓欤"之"欤"应为"钦"。

达了赵公延请自如和尚到石宝山佛顶寺建寺传法之意。第二例中，第二句诗"鼓铸阴阳造化工"化用了杜甫的《望岳》中的诗句"造化钟神秀，阴阳割昏晓"，意在突出石宝山的雄奇神秀。第三例中，第二句"径曲通幽引竹风"化用了唐代常建的《题破山寺后禅院》"曲径通幽处，禅房花木深"二句诗。第四例中，直接引用《易经》和《诗经·下武》中的话语。

在剑川石窟文献中，不乏引用事典之处。举例如下：

适永历驻跸滇城，段公任行在锦衣都督，文封一品，效东坡以玉带镇山门故事，邓川陶石刘公，送大藏经置于寺中为光明幢。①

恍疑片云天上落，五丁把住留人间。②

牟尼现象升金壁，神斧凭空劈玉阛。③

想是女娲重炼处，遗留胜迹尚瑕珑。④

而大约山水不能自传，必待人而存；如夷齐于首阳，王尊、王阳于九折，桐江以严子陵，辋川以王摩诘，眉山以苏氏，无不然者。⑤

---

① 《石宝山佛顶寺开山传讲经律自如和尚道行碑》，杨延福：《剑川石宝山考释》，昆明：云南民族出版社，1999年，第49—51页。

② 《李元阳题诗摩崖》，杨世钰主编：《大理丛书·金石篇》（10），北京：中国社会科学出版社，1993年，第259页。

③ 《王元英石钟寺题诗摩崖》，杨世钰主编：《大理丛书·金石篇》（10），北京：中国社会科学出版社，1993年，第259页。

④ 《赖钟俊等四人咏石宝山诗摩崖·西园杨藻翰》，杨世钰主编：《大理丛书·金石篇》（10），北京：中国社会科学出版社，1993年，第259页。

⑤ （清）大错：《石宝山图记》，杨延福：《剑川石宝山考释》，昆明：云南民族出版社，1999年，第149页。

第一例中，引用的是苏东坡将腰间玉带赠予金山寺佛印和尚的故事。第二例中，引用了五丁开山的典故，第三例中，用"牟尼现象"来指代石宝山佛教发展的盛况。第四例中，以女娲炼石的故事来说明石宝山圣迹的超凡脱俗。前四例中，使用一个或两个事典。第五例中则连用了多个典故。"夷齐于首阳"，用的是伯夷叔齐不食周粟，宁愿饿死首阳山之事。"王尊、王阳于九折"用王尊、王阳登临邛崃的九折阪生发不同的感慨以及不同的人生追求之事。"桐江以严子陵"用汉代严子陵隐居桐庐富春江一事。"辋川以王摩诘"，用王维隐居辋川别业一事。"眉山以苏氏"则用宋代眉山苏洵、苏轼、苏辙之事。这些典故中，山水的出名均因出了名人，与下文大错和尚表达石宝山名显也因段峘之功呼应。

　　比喻手法的运用主要有明喻，举例如下：

　　剑川石宝山，缘岩多石像。有观音，有诸菩萨，有罗汉，皆若雕镂然。及省其手足指爪，剥折之处又皆空洞如人之骨，乃知其为天成。[1]

　　上至灵泉，状如仰臼，才容斗水，百人挹取而不减，不挹亦不溢。[2]

　　日西至山顶，遥见层层叠叠如板屋、如栈阁者，石宝崖矣。[3]

　　戊午，出山南行，望飞崖如廊庑然，心甚奇之。路人曰："此中

　　① 李元阳：《石宝山记》，杨世钰主编：《大理丛书·金石篇》（10），北京：中国社会科学出版社，1993年，第102页。
　　② 李元阳：《石宝山记》，杨世钰主编：《大理丛书·金石篇》（10），北京：中国社会科学出版社，1993年，第102页。
　　③ 李元阳：《重游石宝山记》，（明）刘文征撰，古永继校点，王云、尤中审订：《滇志》，昆明：云南教育出版社，1991年，第629页。

岩也。"岩岭雕镂石佛菩萨之像，皆精巧奇特，山石皆如虾蟆状。①

二里许，见一石山，蓝碧如染，逼而观之，宛然一狮子也，掉尾低头，如奋迅之状，一行人皆欢呼惊诧。狮背可坐十余人，复由石狮腹下穿出石洞，遥见西溪窈窕，崖岸如削，立石如屏，方石如屋，可以结茅而居。②

又南行三里，有方岩巉屃，俨如藏经；溪中水石蓼蟉，两岸怪石，如人如兽，如城如垒，风行其中，有介胄声，令人惆然。③

以上的六个例子均采用了明喻的手法。具体而言，第一例是以物喻人，后面五例是以物喻物或人。第一例，以"人之骨"比喻剑川石窟造像的形状。第二例，以"仰臼"比喻灵泉积水的形状。第三例，以层叠的"板屋""阁楼"比喻石宝崖岩石天然的形态。第四例，以"廊庑"比喻石宝山的飞崖，将山石比作"虾蟆"。第五例，以"狮子"比石山，将石洞边的岩石比作"屏""屋"。第六例，将"怪石"比作"人""兽""城""垒"。这些比喻手法的运用，体现了作者丰富的联想，鲜活地描绘出石宝山独特的山势、地貌，使得文章读来风趣生动。

除了明喻之外，剑川石窟文献中还有使用暗喻的情况。以下略作列举：

---

① 李元阳：《重游石宝山记》，（明）刘文征撰，古永继校点，王云、尤中审订：《滇志》，昆明：云南教育出版社，1991 年，第 629 页。
② 李元阳：《重游石宝山记》，（明）刘文征撰，古永继校点，王云、尤中审订：《滇志》，昆明：云南教育出版社，1991 年，第 629 页。
③ 李元阳：《重游石宝山记》，（明）刘文征撰，古永继校点，王云、尤中审订：《滇志》，昆明：云南教育出版社，1991 年，第 629 页。

师慕颛愚和尚，往觐之，诘辩间知师乃为法门良器，他日可为大树，与天下人歇阴凉，凡文字描写不得处，皆以心授，师无不深省。①

明年春，阁山请师论楞严，师放出灵牙利齿，河注海翻，天花乱午（舞），闻者莫不惊喜得未曾有，法席之盛，振于南滇矣。②

灵泉结乳，怪石磊磊，作仙佛相、鸟兽相、钟鼓琳琅相。种种天成，应接不暇。③

石飞如阵走，地少恍天多。④

石高千丈虎，松老一山龙。⑤

剑海开明镜，雪山列画屏。⑥

第一例中，颛愚和尚赏识自如和尚，将之喻为"良器""大树"。第二例中，以"河注海翻""天花乱午（舞）"暗喻自如和尚说法时的盛况如同河流注入大海，波涛翻涌，又如天上的花朵飞舞。既具有宏大的气势，又富有绚烂之感。第三例中，以"仙佛""鸟兽""钟鼓琳琅"比拟灵泉石钟乳的形状，意在强调石钟

① 《石宝山佛顶寺开山传讲经律自如和尚道行碑》，杨延福：《剑川石宝山考释》，昆明：云南民族出版社，1999年，第49—50页。

② 《石宝山佛顶寺开山传讲经律自如和尚道行碑》，杨延福：《剑川石宝山考释》，昆明：云南民族出版社，1999年，第50页。

③ 《重建石宝山祝延寺记》，杨世钰主编：《大理丛书·金石篇》（10），北京：中国社会科学出版社，1993年，第150页。

④ 《张威题诗摩崖》杨世钰主编：《大理丛书·金石篇》（10），北京：中国社会科学出版社，1993年，第259页。

⑤ 杨延福：《剑川石宝山考释》，昆明：云南民族出版社，1999年，第161页。

⑥ 杨延福：《剑川石宝山考释》，昆明：云南民族出版社，1999年，第160页。

乳形态各异、浑然天成。第四例中，以石头比作"阵"，言其多，将石头运动的状态比作"走"，在比喻中带有拟人的色彩。第五例中，"石""松"为本体，"千丈虎""山龙"为喻体。"石"乃静止之物，而"千丈虎"则是一跃千丈的老虎，极具动态之美。以"山龙"喻老松，令人联想到的是松树因年岁长久而树皮嶙峋，树枝蜿蜒的样子。第六例中，以"明镜"比喻剑海，即言其水透明清亮。以"画屏"喻雪山，形象地描绘出雪山绵延秀丽的景象。

第三节　剑川石窟文献的审美

剑川石宝山是老君山南伸山支，盘亘在剑川的阳岑、甸南和沙溪三地间，面积仅 20 余平方公里，西北距老君山 20 多公里。石宝山最高峰古名宝顶峰，海拔 3038.9 米。山中古木森森，高峰夹峙，悬崖峭壁，极为险峻。就在这远离尘世喧嚣，山峦叠翠的幽深环境中，深藏的是南诏、大理国时期佛教石窟 139 躯石窟造像杰作。这些造像与石窟周围的寺院建筑、自然风景构筑成妙香佛国圣境。

在古代的碑记、诗歌里，不乏人们对石宝山及石窟之美的评价。这些评价之语，包含了人们对剑川石窟之美多维性的理解。从总体来看，包含了三个层面：首先剑川石窟具有与自然的融合之美；其次，剑川石窟造像巧夺天工之美；复次，剑川石窟造像有着鲜明的民族特征，是民族之美的再现。

如前所述，石窟造像雕造在石宝山独特的红砂质石上。高明的雕造者因地制宜，巧妙地利用这些红砂质石，在石宝山的峰峦、峡谷和绝壁之上雕造出各式造像。这些造像与周围的环境自然结合，相得益彰。李元阳曾形容石宝山的奇险和幽峻"剑海西来石宝山，凌风千仞猿猱攀。岩唇往往构飞阁，崖窟层层可闭阖。恍疑片云天上落，五丁把住留人间。霜痕雨溜石色古，璆琳琅玕何足数。老藤穿石挂虚空，欲堕不堕寒人股。"①诗歌第一句便点出剑海（即今之剑湖）与石宝山的位置关系，进而言石宝山有千仞之高，极为陡峭，只有猿猴能够攀爬。就在石宝山悬崖的边缘上，人们建造了凌空的阁楼，而崖壁上的洞窟则是深邃幽闭。面对石宝山如此奇特的风景，诗人疑惑这是不是五丁开山留下的神迹。此外，石宝山泉流丰沛灵动，潺潺清流在山石间宛转流淌，润泽山石犹如美玉一般，泉流之声犹如琅嬛之声回响。最后，诗人回望老树藤与悬空的岩石缠绕却欲坠不坠，禁不住战栗。整首诗用生动的文字形象地描绘出石宝山的自然风貌，石宝山险峻奇特的山势令人印象深刻。这也引发了后人的共鸣。明末清初顾祖禹《读史方舆纪要》载："石宝山，州南二十里，层岩峭壁，上有石坪，方数十亩，岩洞泉壑，往往奇胜，南中之名山也。"②清代僧人大错《石宝山图记》言："余恒闻滇西剑川有石宝山，纡回绵亘盖数十里，其间峰峦奇变，洞壑幽邃，以及泉石之灵秀，深林古木葱郁茂美，盖不可以语言穷也。"③人们名石宝山为南中名山，认为其神奇幽美的风光无法用语言穷尽。

石宝山山石的奇形怪状也引得人们浮想联翩。李元阳《石宝山记》言："上至灵泉，状如仰臼，才容斗水，百人挹取而不减，不挹亦不溢。旁有几案、衣履、衣壶濯之属，下有石狮、石犬、石蟆听经等异状。天下名洞虽往往有之，然皆石乳结成，仿佛肖

① 杨世钰主编：《大理丛书·金石篇》(10)，北京：中国社会科学出版社，1993年，第259页。
② 转引自杨延福：《剑川石宝山考释》，昆明：云南民族出版社，1999年，第20页。
③ 杨延福：《剑川石宝山考释》，昆明：云南民族出版社，1999年，第149页。

似，独此出于露地，既多而又逼真，亦奇观也。"[①] 李元阳游历至灵泉时，看到了天然如臼的石头泉水充盈，即使有一百人来挹取，石臼中的泉水不会减少，而无人取水之时，石臼中的泉水则不会溢出。而在山泉旁边，有石头天然如几案、衣履等物，还有的就像狮子、狗、蛤蟆等动物在倾听讲经之状。在石宝山的中岩则有一块如狮子形状的大石。《重游石宝山记》载："二里许，见一石山，蓝碧如染，逼而观之，宛如一狮子也，掉尾低头，如奋迅之状，一行人皆欢呼惊诧。狮背可坐十余人，复由石狮腹下穿出石涧，遥见西溪窈窕，崖岸如削，立石如屏，方石如屋，可以结茅而居。"[②] 这头石狮天生一副迅猛的动态，令路过的李元阳一行人极为诧异，而且"体形巨大"，足可以坐十多个人。在距离石狮不远的溪水边有犹如刀削的石岸，这些石头的形状或如屏风，或如房屋，可以住人。而玉女泉边的石头形状也极为怪异。又言："溪中水石缪轕，两岸怪石，如人如兽，如城如垒，风行其中，有介胄声，令人愀然。"[③] 这里的石头有的像人形，有的如野兽，有的像城楼，有的如城墙。这些天然的石头具有的灵性，为石宝山的风景增添了机趣。

技艺高超的工匠利用剑川石宝山特殊的地理条件，雕凿出了自然逼真的石窟造像。这些造像与自然环境巧妙地结合在一起，令李元阳等文人造访石窟时，误以为天成。可以说，在文人眼中，

---

① 杨世钰主编：《大理丛书·金石篇》(10)，北京：中国社会科学出版社，1993年，第102页。

② （明）刘文征撰，古永继校点，王云、尤中审订：《滇志》，昆明：云南教育出版社，1991年，第629页。

③ （明）刘文征撰，古永继校点，王云、尤中审订：《滇志》，昆明：云南教育出版社，1991年，第629页。

剑川石窟的造像是极具天然之美的。李元阳《石宝山记》言："剑川石宝山，缘岩多石像。有观音，有诸菩萨，有罗汉，皆若雕镂然。及省其手足指爪，剥折之处又皆空洞如人之骨，乃知其为天成。"[①]李元阳看到剑川石窟的造像因剥折之处显出了空洞，宛若人骨，便断言这些石像是自然生成的。虽然这一看法与后人对剑川石窟乃南诏、大理国时期雕造的考证相悖，却说明剑川石窟造像的生动、逼真之感。徐霞客曾游历石宝山，其游记中虽未具体描述石窟造像的情况，但评价造像极具天然之感。清代甘调元言："石多异宝结灵山，惹得骚人几辈攀。鬼斧神工施幻巧，猿梯鸟道绝尘阛。普陀横驾撑霄汉，半系楼台迷翠间。万象天成无不古，奇观历历更难数。"[②]在他看来，石宝山独特的山石，险要的地势和鬼斧神工的造像是吸引人们造访的真正原因。

《中国西南石窟艺术》评价第7号窟"甘露观音"："可谓大理国时期菩萨造像中雕刻得相当精美的作品，不仅造型比例适度，而且构成合理。观音的面型圆润，体态丰腴，显得十分雍容华贵，但又不失庄严、慈祥、静穆。似乎给人一种感觉，即大慈大悲的观音正在将圣水洒向人间，普济众生，达到了神人合一的境界。从观音的化佛宝花冠、衣饰、台座、背光等看，均雕刻得很精细，线面结合，刀法纯熟，动静相济，生动有致。刻有卷草纹、连珠纹、火焰纹的双重桃形身光，可以说是整个剑川石窟中雕刻得最精美的背光。刻有仰莲瓣、水纹、小佛龛、金刚杵等纹饰的多级莲台束腰须弥座，既精美又很特别，是其他石窟中罕见的。此

---

① 杨世钰主编：《大理丛书·金石篇》(10)，北京：中国社会科学出版社，1993年，第102页。

② 该诗为笔者田野调查的录文。

外，观音左右两侧的侍女，不仅面丰体腴，而且阿娜的身姿楚楚动人。"[①]

剑川石窟造像显现出独特的民族风情也让人印象深刻。前文的论述中已有涉及。这里再从细节方面进行说明。

如第 1 号窟、第 2 号窟中，两位南诏国王的造像均佩戴"头囊"。"头囊"即头冠。异牟寻的头囊是金刚宝塔的素面造型，阁罗凤的"头囊"相对来说更为精细，上面雕刻着绣花和珠纹的图案。这一装束与《南诏国史图传》中南诏末代国王舜化贞所戴的头冠是一样的。也和《宋时大理国描工张胜温画梵像》中大理国王段智兴所戴的头冠相同。《云南志》载："蛮其丈夫一切披毡。其余衣服略与汉同，唯头囊特异耳。南诏以红绫，其余向下皆以皂绫绢。其制度取一幅物，近边撮缝为角，刻木如樗蒲头，实角中，总发于脑后为一髻，即取头囊都包裹头髻上结之。"[②]这里的记载说明南诏的服饰与汉人相似，但男子均披毡，且最为特别的便是头囊。南诏上层贵族用红绫、其他人用皂绫绢。穿戴的方法是将其一边撮缝为角状，用木头刻成樗蒲形状撑于绫角之下，并将其包裹在头上的总髻上并结好。剑川石窟中两位南诏王的头囊也是大同小异，但从纹饰的角度来看更加大而华美。

第 2 号窟中阁陂和尚打的"曲柄伞"，这在中原石窟中未见。《南诏德化碑》中记载天宝战争中阁罗凤得到吐蕃的支持，被吐蕃

---

① 刘长久：《中国西南石窟艺术》，成都：四川人民出版社，1998 年，第 188 页。

② （唐）樊绰著，赵吕甫校释：《云南志校释》，北京：中国社会科学出版社，1985 年，第 288 页。

封为"赞普钟",与吐蕃成为"兄弟之国"①。南诏与吐蕃以兄弟之国相称,极具吐蕃特点的曲柄伞为南诏贵族使用。

第2号窟阁陂和尚左前有一武士立像,其身上披着虎皮披肩,披肩上有着老虎头的装饰,虎牙清晰可见。南诏称老虎为"波罗"。《云南志》载:"贵绯、紫两色。得紫后,有大功则得锦。又有超等殊功者,则得全披波罗皮。其次功,则胸前背后得披,而缺其袖。又以次功,则胸前得披,并缺其背,谓之'大虫皮',亦曰'波罗皮'。谓腰带曰'佉苴'。"②由此可见,第2号窟中的这位武士是得了次功之人。这种着装风格也显出了独特的民族性。刘长久先生言:"最具有白族文化特质且为中国其他石窟中没有的,要推表现'本主崇拜'的南诏王造像,如剑川石钟山石窟中的三窟南诏王造像和凉山不意瓦石刻画中的南诏王出行图。"又言:"这些造像既有南诏王、后妃,又有清平官(相当于宰相)、羽仪长、武侍、从者等,全都是世俗人物。尽管把这些世俗人物作为神来供养,但龛窟形制和造像布局均是按照佛教石窟的程式化来雕造的,而艺术表现却又是世俗化的。南诏王所戴的'头囊'和身着的锦绣袍,以及清平官汉化式的短翅幞头和圆领宽袖锦袍,或头饰椎髻的清平官、侍者,或手持的赤藤杖、南诏剑,以及铣足等,均艺术地再现了南诏时期的风物习俗。"③

① 杨世钰主编:《大理丛书·金石篇》(10),北京:中国社会科学出版社,1993年,第4页。
② (唐)樊绰著,赵吕甫校释:《云南志校释》,北京:中国社会科学出版社,1985年,第289页。
③ 刘长久:《中国西南石窟艺术》,成都:四川人民出版社,1998年,第188页。

后　记

　　生为大理人，从小到大我曾多次到剑川石窟游耍，很喜欢那里的幽静，经常乐而忘返。我对剑川石窟从一个"观礼者"转变为"研究者"，要感谢四川大学的张勇（子开）教授，是他邀请我加入他主持的教育部重大课题《西南佛教文献研究》的研究团队，承担《剑川石窟文献研究》子课题的研究工作。在研究此课题的三年多时间里，我系统搜集了剑川石窟的文献资料，多次到实地考察。葛兆光先生言："很多历史记忆，不仅是写在文献中的，也储存在图像里的；很多思想观念，也不定是直接用文字表达，有时候它也支配着图像的绘制。"对剑川石窟文献的研究可以说是对这一论述的体悟过程。我用文化阐释的方法对石窟造像与文献、文化的关联性进行研究，这一方法受到我的硕士导师西南大学刘明华教授的影响，他的著作《文化视野下的中国古代文学阐释》《丛生的文体——唐宋文学五大文体的繁荣》让我深受启发。在川大读博士期间，我主修了周裕锴教授主讲的阐释学课程，使我对阐释学有了深入理解。本书的研究也是对阐释学方法的一次实践。

　　2018 年暑假，我到龙门石窟、敦煌莫高窟、云冈石窟和麦积山石窟做文化调研，领略了中国四大石窟恢宏壮观的风采，被丰厚的历史积淀所震撼。这些伟大的石窟艺术犹如巨大的镜面，让我更加清晰地认识到剑川石窟的特点。在中国古代的石窟寺网络中，剑川石窟位于南支即天水麦积山、永靖炳灵寺经四川广元、巴中、乐山和大足石刻一线的终端，它有 16 个窟、139 躯造像。无论从洞窟的历史、数量，还是雕刻面积、造像的数量和体积诸多方面，剑川石窟均无法与那些大型石窟相提并论，但其与众不同之处在于佛教石窟寺艺术与南诏大理国历史文化的紧密结合，见证了我国西南边疆的民族文化交融，因而成为中国佛教石窟寺艺术的一颗明珠。

在本书出版之际，谨向杨延福、周祜、杨世钰、刘长久等诸位前辈致以崇高的敬意。感谢上海师范大学侯冲教授对我的帮助。感谢大理州白族文化研究院李公研究员、大理州博物馆副馆长杨伟林研究员、《剑川县志》主编张笑先生、剑川县文化馆副馆长杨万涛先生、兰州大学敦煌研究所博士研究生段鹏对本研究提供的帮助。感谢大理大学邓蕾博士为本书手绘封面插图。

感谢我的家人给我的关心与支持。感谢我的丈夫王军一往如昔地支持我，不但陪伴我到剑川石窟等地调研，而且围绕我的研究展开相关阅读并与我交流，我的研究过程因此平添了许多快乐。

感谢九州出版社对本研究成果的肯定，感谢责任编辑李黎明先生对本书出版给予的支持和帮助。拙作还存在很多不足之处，有待在未来的研究中不断完善。

朱安女

2019 年 2 月 11 日己亥人日

大理古城和苑